知的生きかた文庫

仕事のミスが絶対なくなる頭の使い方

宇都出雅巳

三笠書房

はじめに

「脳」のクセを知れば、ミスのほとんどは防げる！

「あっ、すっかり忘れていた！」

「おっと、うっかり見落としていた……」

「そうなんですか!?　勘違いしていました」

「なんで自分はあの案を選んだんだろう？」


これまであなたは仕事でどんなミスをしたことがありますか？

またはどんな失敗をしかけたことがありますか？


あるビジネス情報サイトが行ったアンケート調査では、「仕事でやりがちなミスランキング」の上位は次のようになっています。

1位　入力ミス・書き間違い　160人
2位　やるべきことを忘れる　69人
3位　確認不足・見落とし　55人
4位　連絡・報告漏れ　22人
4位　作業・操作ミス　22人
6位　思い込みで仕事をすすめる　20人
7位　見間違い・聞き間違い　17人
（複数回答／対象：女性301名、男性199名／2021年ビズヒッツ調べ）

本書を手に取って、「仕事のミスをなくそう」というあなたには、なじみのあるミスもあるでしょう。なかには、昔のミスの記憶を思い出し、ミスした自分を責めている人がいるかもしれません。

そんなあなたに、まず知っておいてもらいたいことがあります。

それは、これらのミスが起きてしまうのは、あなたの注意力や記憶力、コミュニケーション力、あるいは判断力が、ほかの人より低いからではないということです。**実は、そもそもわれわれの脳自体がミスを起こしやすいメカニズムになっている**のです。

しかもそれは、「忘れた！」というミスに限らず、そのほかのミスも脳の「記憶」にほとんどの原因があります。あなたはそのことを知らないがために、ミスを起こしてしまっているだけなのです。

「経験が少ない、または能力が足りないからミスをするだけでは？」という指摘もあるでしょう。たしかにそれもありますが、必ずしもそうとは限らないのです。

むしろ経験が豊富、または能力があるからこそ犯しやすいミスもあります。中堅やベテランになれば自然とミスが減るわけではありません。逆に増えることもあるのです。

脳は思いのほか頼りにならない

人は自分の脳を過信しすぎかもしれません。

たとえば、あなたは自分の脳がいかに忘れやすいかを知っていますか？

また記憶は固定化されたものではなく、常に変化していることを知っていますか？

もしくはあなたが、「すべてをしっかり見ている（聞いている）」と思っていても、実際にはあなたが見たい（聞きたい）ように見て（聞いて）いることを自覚していますか？

もっと言えば「完全に自立した自分」などありえず、「自分の判断」というものは、実は夢物語にすぎないことを知っているでしょうか？


脳は思いのほか頼りになりません。その脳に対して知らず知らずに（悪）影響を与えているのがあなたの記憶であるということが、最近の脳科学、認知科学の研究で急速に明らかになってきました。

こうした事実を知らないままだと、今後も記憶の仕業でミスを犯す危険があります。いくら記憶力や注意力、コミュニケーション力、判断力を鍛えようと思っても、脳のメカニズムを知らずにがんばっていたら、ほとんど効果はないのです。

少し驚かせてしまいましたが、逆に言えば**あなたが脳のメカニズムを正しく理解し、**

はじめに

それを踏まえたうえでミスが起こらないような対策を打ちさえすれば、ミスのほとんどは防げるということです。

本書は仕事のミスを以下の4つにわけ、それぞれのミスが起こるメカニズムと、ミスを防ぐ基本対策を解説していきます。

①メモリーミス（忘れた！）
②アテンションミス（見落とした！）
③コミュニケーションミス（伝わっていない！　聞いていない！）
④ジャッジメントミス（判断を間違えた！）

さらに、単にミスをなくす基本対策だけでなく、上司や同僚、取引先から「すごい！」と言われるための応用編として、〝マスターへの道〟も用意しました。

この本は、とくに画期的な仕事術を紹介する本ではありません。

これまでさまざまなビジネス書で紹介されてきた王道テクニックや、上司や先輩から耳にタコができるほど指摘されてきたアドバイス。それらがいかに脳のメカニズム上、有意義なことであるかを説明し、これまで以上に納得していただいて、「理解」だけではなく「実践」してもらうことを目的としています。

さらに言えば、本書を通じて仕事のミスと向き合うことで、「本当のあなた」と向き合うきっかけになってほしいと願っています。

本書は、2015年夏に出版された拙著『仕事のミスが絶対なくなる頭の使い方』を、コロナ禍によるオフィス環境や対人関係の変化なども踏まえて加筆修正し、文庫化したものです。

ますます情報過多の中、スマホにはあなたの注意を奪おうとする魅力的なアプリであふれ、ミスはさらに起きやすくなっています。

ぜひ、本書を活用し、ミスをなくし、よりラクで楽しい毎日を送ってください！

宇都出雅巳

1章　メモリーミス　Memory Errors
——「忘れない」ではなく、忘れる前提で仕組みをつくる

2章 アテンションミス Attention Errors

――「失敗してはいけない」と強く思うほど失敗する理由

アテンションミスが起きる原因　82

アテンションミスの基本対策　93

3章 コミュニケーションミス Communication Errors

――コミュニケーションは「基本的にズレている」

コミュニケーションミスの基本対策 158

コミュニケーションマスターへの道 182

4章 ジャッジメントミス

Judgement Errors

――判断ミスを認めることが、判断ミスを減らしていく

ジャッジメントマスターへの道　

おわりに　

本文イラスト◎ウエイド（関和之）

あなたは自分が記憶の持ち主だと思う。
だが本当は、記憶があなたの持ち主なのである。

——ジョン・アーヴィング　米国小説家

1章 Memory Errors メモリーミス

「忘れない」ではなく、忘れる前提で仕組みをつくる

- ☑ ちょっとした頼まれごとをすっかり忘れる
- ☑ さっきまで覚えていた用事を忘れる
- ☑ 書類をどこに置いたか忘れてしまう
- ☑ 人の顔と名前が覚えられない
- ☑ 会社の大事な数字を覚えていない

> 本章を読めば、これらの原因と対策がわかります

メモリーミスが起きる原因

1日経つと覚えたことの3割しか覚えていない……

まず取り上げるのは、「記憶」そのもののミスである「メモリーミス」。「上司の指示を忘れる」「書類をどこに置いたか忘れる」「人の名前を忘れる」といった、おなじみのミスです。

なぜ人はメモリーミスを犯すのでしょうか？

もちろんミスをしようと思う人はいません。**メモリーミスは記憶に対する「期待」と「現実」のギャップから生まれます**。あなたの「しっかり覚えた！」「忘れないだろう」という目論見に反し、脳が思いのほか早く、あっさり忘れてしまうことが原因なのです。

下図は、記憶に関する研究の草分けともいえる「エビングハウスの忘却曲線」と呼ばれるものです。

勉強術の本などで「繰り返し」の重要性や、効果的な復習のタイミングの根拠として引用されたりすることも多いので知っている人も多いでしょう。

グラフの縦軸は「節約率」と呼ばれ、最初に完全に記憶する手間（時間・回数）に比べて、どれだけ再び完全に記憶するまでの手間が節約できたかを表す指標です。いわば、記憶の保持率、逆に考えれば忘却率ともいえます。

ここで注目してもらいたいのは、覚えた直後の急速な忘却カーブです。

エビングハウスの忘却曲線

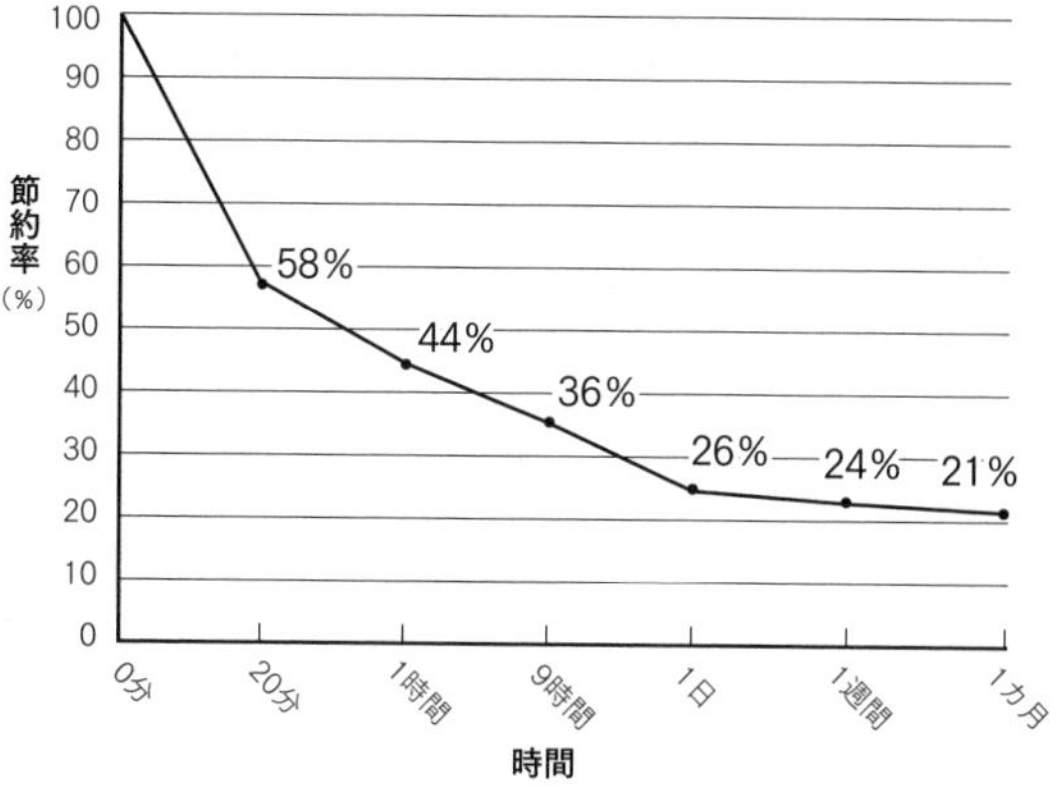

20分後にはすでに42％を忘れ、1時間後には56％、1日後には74％を忘れるという結果になっています。

この実験は、「意味をなさないアルファベットの組み合わせ」を実験材料に行われたので、われわれが日ごろ接する意味のある情報や知識であればもう少し曲線は緩やかになるでしょう。しかし、人が「覚えた！」と思った直後に、その多くを急速に忘れてしまうという脳の性質は変わりません。

この実験結果を見て「こんなに早く忘れるの？」と驚いている人は、これまで自分の記憶に過大な期待を抱いていた可能性があります。「覚えた！」と思っても、人の脳はこれだけ急速に物事を忘れていくことをまず頭に叩き込んでおきましょう。

メモリーミスの主犯格「ワーキングメモリ」

記憶の研究が進む中で、覚えた直後に急速に忘れてしまう原因がわかってきました。

それは、**「ワーキングメモリ」**という記憶です。これが実はメモリーミスを起こす主犯格なのです。

ワーキングメモリは**「脳のメモ帳」**にたとえられ、「作動記憶」「作業記憶」などと訳されます。情報を長期間にわたって貯蔵する「長期記憶」とは異なり、何かの目的のために「一時的に」貯蔵される領域であることが特徴です。

コンピューターで言えば、「長期記憶」に当たるものがＨＤＤ《ハードディスク》（ハードディスク）で、ワーキングメモリがＲＡＭ《ラム》（メモリ）です。

ＨＤＤはデータを長期保存する場所ですが、ＲＡＭはソフトやアプリが稼働するにあたってデータを一時的に蓄えたりする「作業領域」。ソフトの動作が遅くなったりフリーズしたりするときは、このＲＡＭが一杯になっているケースが大半です。

人の脳でこのＲＡＭと同じような働きをするのがワーキングメモリなのです。

たとえば、今この瞬間もあなたのワーキングメモリが働いています。いや、働いているからこそ、この文章が読めるのです。

文章を読んで理解するためには、直前の文章の内容を記憶しておくことが必要です。

もし、読んだそばから本の内容を忘れてしまったらどうなるでしょう？　活字になっていれば引き返して読むことができますが、引き返してばかりいたらいつまでたっても前に進むことはできません。

また、会話であればさらに大変です。言葉は話すそばから消えていきますから。相手が発した言葉をワーキングメモリに記憶しているからこそ、言葉をつなぎながら理解することができるのです。

このようにワーキングメモリはすぐに、しかも明確に情報を記憶できる、優秀で便利な記憶です。では、その記憶が、なぜメモリーミスを起こすのでしょうか。

実は、この「すぐに」そして「明確に」覚えるという特徴が落とし穴なのです。

ワーキングメモリの容量は思いのほか小さい

なぜこれだけ便利な記憶がメモリーミスを引き起こすのか？　それは**ワーキングメモリの容量がとても小さい**からです。

新しい情報がワーキングメモリに入ると、すぐに、しかも明確に記憶できます。しかし、次の新しい情報がワーキングメモリに入ってくると、先ほど記憶された情報はワーキングメモリから追い出されてしまいます。そして追い出された瞬間、今度は逆にスパッと忘れてしまうのです。

しかも、**ワーキングメモリはいくら気合を入れても、その容量を増やせません。**

ワーキングメモリとその容量の小ささ、そしてそれが増やせないことを実感してもらうために簡単なテストをしましょう。あなたが、ある会社の職場にいると思って、気合を入れて、がんばって覚えようとして次の文章を読んでみてください。

「上司の木下課長に呼ばれ、高橋工業宛に会社案内のPDFを送ってほしいと依頼されました。自分のデスクに戻ると、見積を待ちわびていた渡辺金属から新着メールの通知。見積の結果次第では、いまいち営業担当者が信用できない城島産業と仕事をしないといけません。期待と不安でメールを開き、添付されていたファイルを開こうと思った瞬間に電話が入りました。佐藤通信から上田先輩宛でした。電話をつなぎ終えるとスマホのライン通知。学生時代の悪友、広瀬から飲みの誘いでした」

さて、会社案内はどこに送らないといけなかったか、思い出せますか?

あなたはいま、脳内にたくさんの会社名や人名が詰め込まれた感覚があると思います。それがまさにワーキングメモリが一杯の状態です。

会社案内を送らないといけない会社の社名を思い出そうとしても、いろいろな固有名詞がグチャグチャになっているかもしれません。また、最初は確かに覚えていたものの、新たに目に飛び込んでくる情報にその社名は押し出されてしまった後かもしれません。

このように、いくらがんばったところでワーキングメモリの容量を増やせないことを実感してもらえたと思います。

「注意(アテンション)」と「ワーキングメモリ」の関係

ワーキングメモリが貯蔵できる事象は、せいぜい7つ前後(7±2)と言われています。最近の研究ではもっと少なく、4±1という説もあるほどです。

わたしたち人間は、今こうやって読んでいる日本語の知識を始め、日々の経験など膨大な記憶を蓄えています。

しかし、すぐに、かつ明確に記憶できる数となると、こんなにも少ないのです。

これは次章で取り上げる「アテンションミス」の主役、「注意（アテンション）」と絡んできます。われわれが同時に注意を払える数が少ないため、ワーキングメモリの容量も少なくならざるを得ないのです。

このワーキングメモリと「注意」の関係をイラストで表すと27ページのようになります。

「注意」とはモノをつかむことができる「腕」のようなものであり、ワーキングメモリで覚えている状態とは、その腕につかまれている状態と表現することができます。

そして肝心の「腕」は7本ないし4本前後しかないわけです。

たとえば、プレゼンテーションのテクニックで、伝えるポイントを3つに絞り込み、最初にそのポイントを簡潔に伝えるというものがあります。

「仕事のミスをなくすポイントは3つあります。ひとつ目は……」といった具合です。

もしもこれが、「仕事のミスをなくすポイントは7つあります。ひとつ目は……」と言われたらどうでしょう？　3つであれば楽に聞けるのに、7つだとちょっときつく感じるでしょう。

このように考えてみれば、ワーキングメモリの容量が4±1というのは当たらずとも遠からずというところでしょう。

「よし覚えた！」は大きな錯覚

「これは大事なことだから覚えておこう」と注意を向けることで、情報をつかみつづけることは可能です。たとえば「高橋工業、高橋工業、忘れるな俺」とつぶやきつづけていれば忘れることはないでしょう。

しかし職場では新しい情報がひっきりなしに入ってきます。ですから実際にはいくら注意を向けていても、**不意に新たな情報が入ってくると脳は新しい情報に注意を向けてしまい、古い情報である「高橋工業」をパッと手放してしまいます。**

ワーキングメモリの「腕」には限りがある

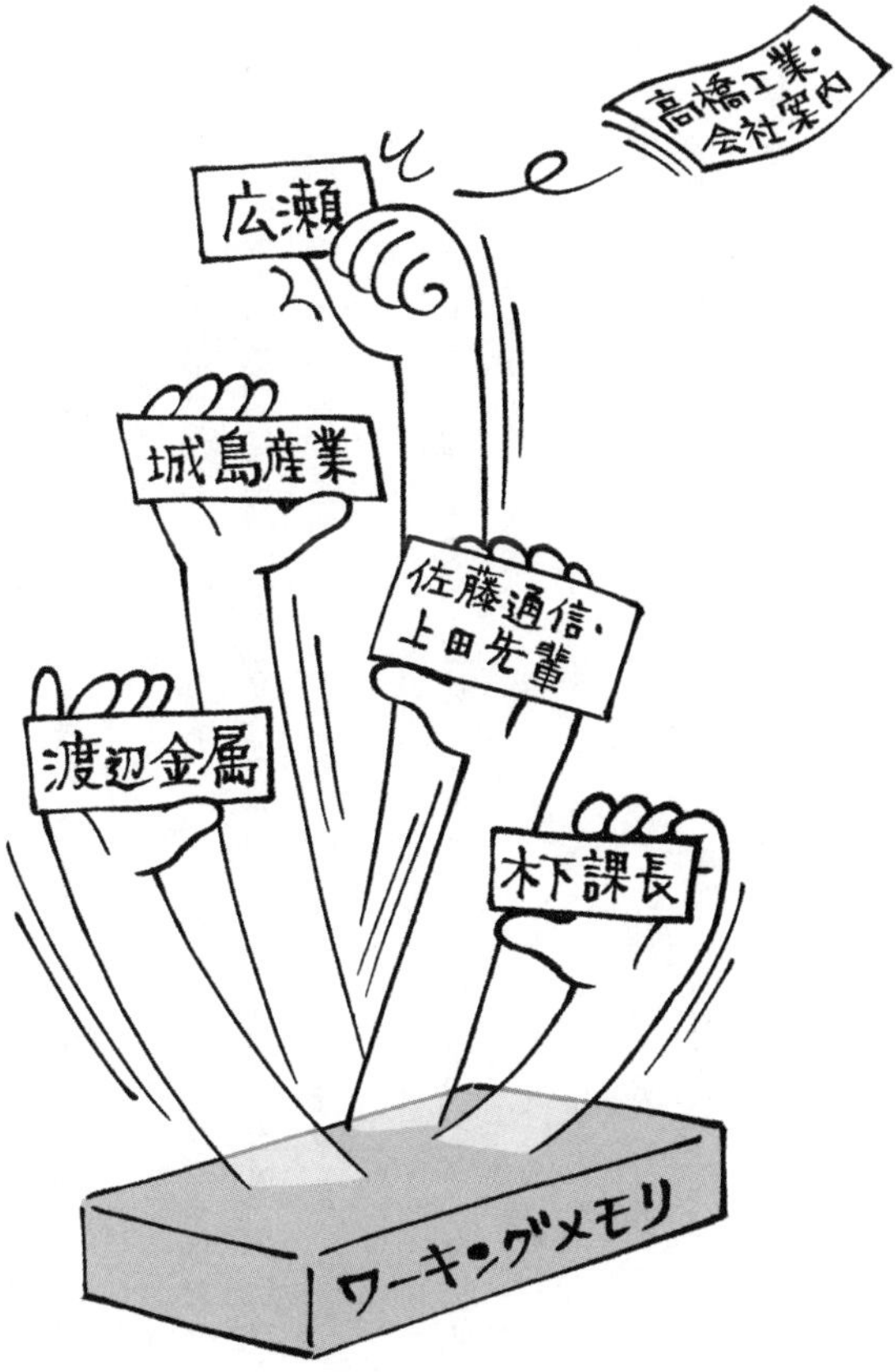

徐々に忘れるなら「やばい、そろそろ忘れそうだからメモしておこう（または先に片づけておこう）」と対策が打てますが、突如、忘れてしまうので扱いが面倒なのです。

簡単に忘れてしまうなら最初から過信しなければいいのですが、**注意を向けて「腕」でしっかりつかんでいる間は「確実に覚えた」と強い実感が湧きます**。その感覚は、あなたが長期記憶として覚える記憶の「覚えた」感覚と変わりません。

だから錯覚するのです。

そしてこれこそ、「さっきまではっきりと覚えていたのに、いつのまにかド忘れしていた」というミスが起きるメカニズムです。

職場は新しい刺激と情報のオンパレードです。そのたびに注意はそちらに向かざるを得ませんし、必要な情報はつかまざるを得ません。一時保管場所にすぎないワーキングメモリに情報をポンと置くだけでは、覚えたことにはならないのです。

メモリーミスをなくす第一歩は「いまはしっかり覚えている感覚があるけど、この腕を放したら忘れてしまうんだよな」とワーキングメモリの特性を認識し、**「覚えて**

いる」と思っている記憶も、実は「はかない」記憶にすぎないと自覚しておくことです。

ワーキングメモリの容量はトレーニングで増やせるのか？

「そんな大事なワーキングメモリなら、増やせばいいじゃないか」と言う人がいるかもしれません。たしかに最近では「ワーキングメモリトレーニング」や「ワーキングメモリを鍛える」といった趣旨の本を見かけます。

ただ、私はワーキングメモリ自体を鍛えられないと考えています。先ほどのイラストで解説したように、ワーキングメモリは「注意」と深く絡んでいて、これを鍛えるというのであれば、イラストの「腕」の本数、つまり注意の数を増やすことであり、それは難しいと考えるからです。

実際、「ワーキングメモリトレーニング」を行って、そのスコアがよくなったとしても、注意という「腕」の本数が増えているとは限りません。そのトレーニングの経験を積むことで、ワーキングメモリへの負荷が減り（つまり、必要な注意＝腕の数が減り）、スコアがよくなっているだけかもしれないのです。もしそうであれば、行ったトレーニングは楽になっても、それに関連しない作業にはプラス効果は出ないのです。

たとえば、ワーキングメモリの限界を実感できるワークとして「プラス1問題」というものがあります（次ページ図）。異なる数字を組み合わせて作った数字の各桁に、1を足していくという問題です。

実際にやってみるとわかりますが、これを毎日続けて「トレーニング」すると、最初は「プラス1問題」がきつかった人でも、いずれ「プラス3問題」ができるようになります。

ただ、これはワーキングメモリの「腕」、つまり注意の数が増えたから楽になったとは限らないのです。

プラス1（3）問題

① ランダムに5ケタの数字を20個作り、それぞれ小さなカードに書き出す

② 作ったカードを束にして数字が見えないように裏返して置く

③ 時計の秒針などを見て一定のリズムを刻む（1秒1回にセットしたメトロノームを利用すると便利）

④ 一番上のカードをめくり、書かれた5ケタの数字を声に出して読む

⑤ 読んだあと、顔を上げて2カウントの間を入れる

⑥ 元の数字の各桁に1を足した数をリズムに合わせて1桁ずつ読み上げる。たとえば、「52941」と書かれていたら「63052」

⑦ リズムをキープして、カードをめくりながら続ける

⑧ これを楽にできる人は足す数字を「1」ではなく「3」にする

参考『ファスト＆スロー』（ダニエル・カーネマン著／早川書房）

経験・知識を増やしてワーキングメモリへの〝負荷を減らす〟

最初は頭がいっぱいな感覚であったものが楽にできるようになると、ワーキングメモリが増えたような気がするかもしれません。でも実態はそうではありません。上達する主な理由は、繰り返し問題を解くことによって足し算の結果を知識として覚えてしまうからです。

つまり、それは**注意という「腕」の本数が増えたわけではなく、むしろこのテストを行うのに必要な「腕」の本数が減って上達した**、ということです。

もちろんこういったトレーニングに意味がないとは言いません。普段あまり頭を使わない人にはいい刺激になるでしょうし、ワーキングメモリを使う、いいウォーミングアップにもなるでしょう。ただ、こういったトレーニングのスコアがよくなったことで、ワーキングメモリが鍛えられたと喜ぶのは、〝大いなる勘違い〟の危険性があるのです。

実際、ワーキングメモリの容量を増やす学術的な研究はたくさん行われていますが、その効果は実験室レベルにとどまっているのが現実です。

「残念ながらワーキングメモリトレーニングが、実験室課題を超えて、たとえば、学業成績や日常生活の課題にまで効果があると報告した研究は今のところまだない」

（『ワーキングメモリと日常』より／T・P・アロウェイ、R・G・アロウェイ編著／北大路書房）

今後「脳トレ」ブームのようにワーキングメモリを鍛える「ワートレ」ブームが起きるかもしれませんが、くれぐれもこの点にご注意ください。

メモリーミスを減らすために重要なのは、「ワーキングメモリを鍛える」ことではなく、「ワーキングメモリへの負荷を減らす」ことです。

たとえば、そのためのひとつの方法が経験・知識といった記憶を蓄えて、入ってきた情報を結びつけられる受け皿を、増やしておくことです。

たとえば先ほどの「上司の木下課長」の話（23ページ）も、すべての情報があなたにとって新しいものだったから覚えられなかった、とも言えるわけです。実際の仕事であれば、少しは楽に覚えられたはずです。

なぜなら大半の固有名詞はすでに記憶にあるため、入ってきた情報はその記憶に結びつき、使う腕の本数が少なくて済むからです。

そのほかにも**ワーキングメモリの負荷を減らす方法**はいくつかあります。詳しくは次の「基本対策編」でご紹介します。

「忘れない」ではなく忘れる前提に立つ

ここまで書いてきた内容で、あなたが普段感じる「覚えた！」という感覚が実に頼りなく、はかないものであることが理解できたと思います。

さらに最近の認知科学の研究では、短期的な記憶であるワーキングメモリだけでなく、過去の自分の経験といった、いわゆる「長期記憶」も、極めてモロいものであることがわかっています。長期記憶はそれを思い出すたびに微妙に内容が変更され、上書き保存されているというのです。

たとえば、これまでの犯罪事件の重要な証拠として考えられてきた「目撃証言」。実はそれが証言の取り方ひとつによって、変化することがわかってきています。「あの人が犯人です！」という確かな記憶でも間違っていることがあるのです。

人の記憶はあなたが思っているほどたしかなものではありません。

仕事でメモリーミスを避けたいのであれば、脳の限界に対して精神論で逆らっても意味はありません。この歴然たる事実をまず直視することが前提になります。

記憶力がいい人は別に脳のつくりが高性能なわけではなく、「自分の記憶の限界はどれくらいか」「どういった状況のときに忘れやすいか」「忘れないためにはどれくらい繰り返すことが必要か」といった「自分の脳の習性」を知ったうえで、効率よく対策を講じているだけなのです。

どうやったら忘れない自分になるか、ではなく、**どうやったら忘れっぽい自分をカバーできるか――**。この発想の転換ができるかが重要なカギです。

メモリーミスの基本対策

新人が「メモをとる」ことを叩き込まれるわけ

よく成功者の体験談などでふと思いついたアイデアを「紙ナプキンになぐり書きした」といった話が出てきますが、たとえ紙ナプキンのなぐり書きであっても、それを書いて残しておくかどうかは、大きな分かれ道になります。

これは、「人の記憶力は頼りないのだから、ムダな抵抗はさっさとやめなさい」という先達の教訓でもあります。

そもそもビジネスシーンでは受験と違って、ほとんどの場面で手元のメモや資料を見る「カンニング」が許されます。

また、スケジュールはスケジューラーに入れておけば勝手に通知してくれますし、電話番号は一回登録すれば数字を気にする必要すらありません。人前でしゃべるプレゼンのときでさえパワーポイントを見ながら行うわけですから、大半のことは頭に入れる必要などないのです。

おそらく皆さんも仕事でDropboxやEvernote、Googleカレンダーや Outlookなど、各種アプリを使っていると思います。これらは世間では「仕事効率化ツール」と呼ばれていますが、言い方を変えれば**「記憶補助ツール」**にほかなりません。そして、実際それらのツールは、人の情報処理の中核を担うワーキングメモリの負荷を下げ、情報処理をすばやくすることを通して、仕事を効率的に処理することに役立つのです。

そのなかでも、**メモこそもっとも原始的で、もっともわかりやすい記憶補助ツールであり、仕事効率化ツール**でしょう。

メモをとる習慣がない人からすれば、メモを書く手間を省いて仕事を少しでも効率化している気になっているかもしれません。しかし、メモに書かずに頭で「覚えておかなきゃ」と思うこと自体がワーキングメモリのムダ遣いであり、仕事の非効率化の要因になっているのです。

ワーキングメモリは短期的に記憶を保存する倉庫であるだけではなく、情報を処理する作業台でもあるので、覚えておかないといけない量が増えるほど作業台が狭くなり（＝注意力を消費し）、複雑な情報の処理ができません。

その点、**メモに書き残せば、即座にワーキングメモリを解放できますので、仕事の精度やスピードも上がる**のです。

上司が新人に対して「メモしなさい」と口うるさく言うのは、いままでの新人たちの姿や、上司の若い頃の実体験からどうせ忘れることが目に見えているからです。とくに新人のころは新たに覚えないといけないことが膨大にあります。記憶力が悪そうだから言っているのではありません。

それに、新人のころからメモを習慣づけておくことで、数年後、より高度な業務を同時並行で進めなくてはならないときにも、ワーキングメモリをオーバーフローさせることなく業務が遂行しやすくなることを上司も（ワーキングメモリのメカニズムはわかっていなくても）経験上、わかっているのです。

メモしてしまえば、
ワーキングメモリの負荷が減る！

■私がメモの重要性に気づいたきっかけ

「メモが面倒だから（またはメモがとれない状況だから）とらない」という人も多いでしょう。たしかに、習慣になるまではメモをとる行為は手間です。

しかし、その結果メモリーミスの実害を被っているなら、なにか行動パターンを変える必要があります。ここまで説明してきたように、いくら自分の記憶力のなさを嘆いても意味がないことですから。

私はメモの重要性を新入社員時代、先輩を反面教師として学びました。

当時、私はある経済系出版社で何千社もの企業情報をまとめたデータ本の進行管理を行なっていました。年に4回出版されるその本は、締め切りが近くなると文字通り戦場のような騒ぎになります。

その過程で「ここはこうしたほうが楽になりそうだ」「この作業はこうやればもっと早くできるぞ」といった改善点について、責任者であった先輩ともよく話したのですが、それらをメモしなかったために嵐のように忙しい期間が終わると忘れてしまうのです。

もし毎週起きることであれば次回改善しようという気にもなるのですが、年に4回という間隔だったこともあり、結局、毎回同じ非効率さを味わっていたのです。

そんな1年を過ごして自分が責任者になってからは、嵐のような校了期間中でも何か次回に向けて気づいたことがあれば、なぐり書きレベルでメモを残すようにしました。机に「改善メモ」を入れる封筒を貼りつけ、どんどんそこに放り込むようにしたのです。

その結果、少しずつですが作業の改善を行なうことができるようになりました。それが評価されて大きなプロジェクトにも加われるようになっていったのです。

「一番、気楽にできそうなもの」――メモ術を選ぶ基準

メモが面倒だと感じる人にぜひお伝えしたいのは、完璧な記録など残す必要はないということです。

メモは本来**「記憶のフック」**として機能すれば十分。脳のメカニズム上、ひとことでもなぐり書きをしていれば、よほど情報が多いか時間が経つかしなければ、芋づる

式に情報が引き出せます。メモの体裁やとり方などは、本来はなんでもいいのです（もちろん、電話の取り次ぎメモなど、他人に情報を伝えるものは除きます）。

私の場合はメモを入れる封筒を用意しただけでした。メモ用紙など買っていません。それこそナプキンでも紙の裏でも箸袋でもなんでも構わなかったのです。それよりも、私にとって大事だったのはメモが散逸しないように、とりあえずすぐに入れられる「場所」だけが必要だったのです。

逆に言えば、**メモ自体に関する細かい取り決めをしなかったことがよかったともいえます**。仕事をしていてメモをすべきだなと思う瞬間は度々訪れます。そのとき手元にお気に入りのメモがないこともあるでしょう。

メモの作法にこだわりを持ちすぎると、作法通りにいかないときにモチベーションが下がったり、無意味に行動に制約を加えてメモする手間がだんだん面倒になってくるものです。すると「じゃあ、この情報だけは記憶に頼ろう」と言い訳をしがちになります。それでは本末転倒です。

「何事も形から入る性格で」という人もいるでしょうし、それを全否定するつもりはありません。ただ、作法とは手段であって、目的ではないことだけは認識しましょう。

目的はメモを習慣づけて、ワーキングメモリに頼らないことです。これからメモを習慣づけたい人は、自分にとってもっとも気楽な手段、続けられそうなルールを選ぶことがベストです。

デジタルとアナログ「おすすめの超シンプル・メモルール」

昨今はデジタル機器が増えているので昔と比べてメモをとる手段はさまざまあります。だからこそ、あえてルールはシンプルなものに止める必要があると思います。たとえばこのようなルールはどうでしょうか。

■自分のデスクにいるとき……

● パソコンとスマホで同期できるメインのメモ帳アプリをひとつ選ぶ（ひとつに絞ることが大事。どこにメモしたか迷わないために）

● 補助として、右利きなら机の右側に左利きなら左側に必ずA4の裏紙とペンをワ

ンセットで置いておく

●メモ帳アプリに直接書き込むときの基準は「翌日以降、使う情報か否か」。当日しか使わない情報は裏紙に書き、退社時に捨てる

■席を立っているとき……

●スマホの音声入力を使ってメモ帳アプリにメモする（正確性にはこだわらない）

●A4の裏紙を四つ折りにして、ゴルフで使われるクリップ付きの鉛筆と一緒にシャツやズボンのポケットに入れておく（クリップ付きの鉛筆は100円均一のお店でも買えます。本を読むときもしおり代わりになるので便利です）。デスクに戻ったら「翌日以降、使う情報か否か」を基準にしてメモ帳アプリに書き写す

●スマホも裏紙も反射的に出せるように入れるポケットの場所だけは決めておく

■会議のとき……

●始めからノートパソコンを持参し、メモ帳アプリに直接書き込む（会議が始まったらマナーとしてキーボードを打ち込む音は普段よりソフトにする）

●日付と出席者を真っ先に書く

たったこれだけであれば、おそらく誰でも続けられると思います。

まずは、がんばって記憶しておこうという努力が、実はワーキングメモリという限られた資源を圧迫している事実を自覚すること。そうなれば、これまでよりもメモをする意識は高まるでしょう。

そしてメモをとることの意味が本当に腹落ちすれば、形にこだわるよりもいかに続けられるかが重要であることもわかり、習慣として続けられるようになるのです。

研修ではメモをすべきか、集中すべきか

研修や講演、または上司の訓示を聞くような場面で、メモをとるべきかメモをとらずに話に集中すべきか、議論がよく分かれます。

「何が重要なのか考えてもわからないのだから、すべての言葉をメモしろ！」という

人もいれば、「大事なことは覚えるからメモをとらなくていい。それよりも話に集中しろ！」という人もいます。

メモをとっていれば振り返りができるので、たしかに忘れることはありません。一方で、話に集中していればメモへの注意がいらないので、ワーキングメモリはフルに活用できて理解度も高まるでしょう。

どちらの説も真実を語っています。

ただ私としては、少なくとも「これは大事だ」「覚えておきたい」と思った情報はメモをとることを奨励します。何度も解説しているように、あなたの記憶はあなたが思うよりもはかなく、もろいからです。

メモをとらない派の人は「頭に残っていなかったことがあったとしても、それは記憶に値する価値がなかった情報だ」と、判を押したように言いますが、よほど強烈なインパクトがない限り、記憶に値する情報であっても記憶に残る保証などありません。

そして、「よしこれは覚えておくぞ！」と思ったとしても、それがただ注意によってつなぎとめられたワーキングメモリの記憶であれば、新たな情報が入ってくると手放されて忘れてしまうリスクがあります。

よって多少集中力が犠牲になったとしても、研修などではメモをとったほうが結果的に自身のためになると思うのです。

ただし、相手の言葉を一字一句メモしたり、スライドや板書の内容を丸ごとメモしたりする行為はムダです。書くことに注意が向き、そのためにワーキングメモリが食われてしまって肝心の生の話の良さを受けとめられなくなるのです。

スライドであればデータを入手し、ホワイトボードであればスマホで撮影するなど、できるだけワーキングメモリを効率的に活用する記憶補助ツールをうまく使うべきです。

メモをするのはスライドには書いていない講師の話のなかで感心したことや、話を聞いているときに自分の仕事で活用できそうなアイデアをひらめいたときに限定するといいでしょう。こうすることで記憶のフックを残しつつ、ワーキングメモリに負担をかけず、話もしっかり聞くことができる、程よいバランスに落ち着くはずです。

「メモ」はメモだけとは限らない。「外部記憶補助」を使え

メモの重要性について触れてきましたが、実はあなたの記憶を補助し、ワーキングメモリを解放するものはメモだけではありません。周りにあるすべてのものが、いわばメモの役目をすることも可能なのです。

たとえば忘れ物の代表である傘。傘は必要に迫られて使うものなので、雨が止んでしまうと注意が向かなくなるので、いとも簡単に忘れてしまいます。

ではどうするか。たとえば出張先のホテルに傘を持ってきて、「このままだと帰りに忘れそうだな」と心配になったら、退出時に必ず目につくドアノブに傘をかけておく。これもひとつの「メモ」なのです。

この傘の例のように、あなたの記憶を思い出すきっかけを与えてくれるものを、認知科学では**「外部記憶補助」**という言葉で表現します。

アメリカ人の心理学者が、多種多様なカクテルの注文をバーテンダーがどうやって

「忘れないで」未来の自分へのメッセージ

記憶しているのかについて調べたことがあります。その結果、バーテンダーは注文が入るとあらかじめ決められたグラスを目の前に並べることで、注文を「メモ」していたそうです。さらには、最初から入れておいていい材料は、忘れないうちにグラスに入れることも行っていました。

バーテンダーは、グラスやそこに入れられたものを見ることで、記憶を呼び出していたわけです。そしてこうした工夫は飲食の世界では当たり前に行われています。

もしあなたが上司に頼まれごとをされたときは、関連資料をとりあえ

ず取り出して机の上に置いておくだけでも「メモ」になるということです。活用してみましょう。

短い言葉ほどワーキングメモリは節約できる

「ネトフリ」そして「アマプラ」。

これ、何のことかわかりますか？　それぞれ、人気の動画配信サービスの名前、「ネットフリックス」、「アマゾンプライム・ビデオ」の略です。

こういった動画配信サービスが日常生活に浸透し、会話に頻繁に登場する中で、いちいち「ネットフリックスの……」とか、「アマゾンプライム・ビデオの……」というのがわずらわしくなり、「ネトフリの……」、「アマプラの……」というように略されるようになるのです。そしてこれも、ワーキングメモリの負担を少しでも楽にする工夫です。

このように、ワーキングメモリの負担を楽にして処理しやすくするには、単純に、

「言葉を短くすること」が有効です。また、短ければ短いほど記憶すべき情報量は減るわけですから、何も略語にこだわる必要すらありません。

自分だけがわかる数字など、なんらかの符号化をしてもいいのです。

先ほどバーテンダーの例を挙げましたが、たとえばラーメン屋さんなどでは、どんぶり鉢をあらかじめ用意するなどの「外部記憶補助」のほかに、**「符号化」**も使っているそうです。注文をそのまま覚えるには情報量が多すぎるので、事前に決めた法則に従って情報を小さくしてしまうのです。

味噌ラーメン、野菜増し、油増し増しといった情報をお店独自のルールで、「2・1・2」と変換するといった具合です。もちろん、変換ルール自体を記憶するには若干の手間がかかりますが、いったん覚えてしまえば日々の作業効率は飛躍的に向上します。

「記憶力がいい」と言われる人は、こういった「外部記憶補助」や「符号化」を（大抵の人は必要に迫られて）活用しています。

あなたも意識的に「外部記憶補助」や「符号化」を使うことで、「記憶力がいいね」と言われるようになるのです。

なぜ棋士は棋譜《きふ》を覚えていられるのか

ここまで「外部記憶補助」や「符号化」といった言葉でメモリーミスを減らすコツを解説してきましたが、人の経験や知識も「外部記憶補助」や「符号化」として機能しています。

わかりやすいように将棋のプロの例で説明しましょう。

将棋では勝負がついたあと、その直後に戦った棋士同士で「感想戦」と呼ばれる勝負の振り返りが行われます。そこで驚くのは彼らは当日の棋譜（どう駒が動いたか）を当たり前のように記憶していることです。

なぜそのような一見、人間離れしたことができるのかというと、棋士の頭には過去の経験と知識によって棋譜の膨大なパターンが存在しているからです。

つまり彼らは一つひとつの駒の位置を覚えているのではなく、符号化され、情報が圧縮された状態のパターンを覚えているだけなのです。

また、**棋譜を「ひとつの物語」として理解していることも記憶を楽にしている要因**

です。「この守りのパターンで来たな。次はこのパターンで攻め始めたな。あ、ここは変則的に来たな」と、まるで映画を見るように、複数のパターンから構成されるストーリーとして理解しているわけです。

よって当日の棋譜を振り返るとき、あるパターンを思い返すことでそれが「外部記憶補助」となり、その前後のパターンを思い出すことができます。

一見すると「すごい記憶力」と思える棋士ですが、ワーキングメモリの容量をはじめ、「記憶力」自体はわれわれと差はありません。その証拠に、プロの棋士でも将棋のルールを無視したランダムな駒の配置を覚える力は、一般人と変わらないのです。

経験を積むほど記憶は簡単になる

仕事でも、経験を積んだり知識を蓄えたりすることで記憶することは簡単になります。

新入社員が仕事のことを覚えるのに四苦八苦するのは、経験や知識が少ないために情報を「符号化」することができず、情報量が肥大化するからです。また、ひとつの情報がほかの情報と結びつくことが少ないため、自分の経験や知識を「外部記憶補助」として活用できず、情報の処理が進みづらいからです。

たとえば上司と新入社員が同じ新聞記事を読んだとして、上司はその記事に書いてあった業界の最新ニュースについて固有名詞や数字を交えてスラスラと話すことができるのに対し、新入社員は2、3回読まないと頭に入らないかもしれません。

その差を生んでいるのは記事を読むときにいかに情報が圧縮されて頭に入ってくるかの違いと、すでに知っている情報との結びつきがもたらす理解度の深さです。そしてそれを可能にするのは経験や知識であり、なにも上司の記憶力がいいわけではありません。

一日でも早く上司のようになりたいのであれば、とにかく経験と知識を増やすことしか近道はありません。よくわからない記事であっても毎日少しでも読み続け、積極的に上司や先輩と仕事の話をすることで、その速度は早まります。

知識の習得には読書が効果的

仕事では実体験を積んでいくことが欠かせませんが、単に知識を蓄えるためであれば書籍を活用することをおすすめします。なぜなら本は、ネットで拾えるような断片的な情報とは異なり、編集者の手によってわかりやすく構成・編集され、さらに内容をまとめたタイトルや見出しまでついて記憶しやすくなっているからです。

見出しとは、そこに書かれている内容を抽象度を高めて端的に表現したものです。「符号化」されたものと言えます。見出しの価値について意識する人は少ないと思いますが、実は見出しがひとつあるおかげで情報処理が楽になるのです。

ネットで散らばっている単体の記事や散文的なブログなどは情報を辞書的に集めるときは重宝します。ただ、その後の情報の処理のしやすさを考えるならば書籍ほど効率がよく、しかも費用対効果の高いものはないのです。

とはいえ、一回読んだから、本の内容を覚えられるわけではありません。

「本を読み終えた瞬間は賢くなった気分になったのに、翌日にはほとんど忘れてしまった」といった経験をしたことがある人は多いでしょう。

これはワーキングメモリの容量や、19ページで紹介した忘却曲線を考えれば当然のことで、一回読んだくらいでは完璧に記憶できるわけがありません。だからこそ本から得た知識を血肉にしたいなら、何度も繰り返して読む必要があるのです。

大雑把で曖昧な記憶を活用せよ！

本の内容を効果的に記憶・理解するためのコツがひとつあります。それは大雑把で曖昧な記憶を使うことです。

本の最初から一字一句覚えることは難しくても、「あの本で言いたかったことはAとBとCの3つだ」「本の前半ではこんな話をしていた」といった「大雑把で曖昧な記憶」であれば残るものです。

そんなことは当たり前だと思われるでしょうし、そのような記憶ではあまり役にも立たないと思われるかもしれません。

しかし、**そもそも人間の記憶はそれくらいが限界であり、そうやって少しでも記憶に残った知識をうまく活用すればいいのです。**

たとえば本を読むときにいきなり一字一句読もうとせず、一巡目は見出しだけを読むのも手です。細かいことはさっぱり理解できませんが、「なんとなくこんなことが書かれているんだ」という全体像をつかむことはできます。

同時に、こういった大雑把で曖昧な記憶は、脳にとっても低負荷なので、比較的あっさり長期記憶化（知識化）しやすい特性があります。

そして2巡目以降は、すでに知識化された情報を「外部記憶補助」として使いながら、徐々に細かいところまで読むようにしていきます。

つまり、「じっくり読み」を1回するのではなく、「ざっくり読み」を複数回するのです。この方法なら未知の分野や、難解なテーマの本であってもストレスを感じることなく読み続けることができます。ちなみにこのテクニックは私が提唱する速読法「ＫＴＫ（高速大量回転）法」の一部です。詳しくは拙著『どんな本でも大量に読める「速読」の本』を読んでみてください。

「あの書類はどこにいった？」を防ぐ方法

「会議の時間が迫っているのに、時間をかけて作った資料が見当たらない！」

これも仕事におけるメモリーミスのひとつです。ワーキングメモリから情報がこぼれ落ちるケースとは根本的に原因が異なり、**無意識で行った動作であるがゆえにワーキングメモリにすら保管されていない**のです。

なので、いくら「あの資料はどこだ！」と考えたところで答えは永遠に出ません。手当たり次第探すか、潜在的に記憶されている（かもしれない）自分の過去の行動を順を追って脳内で再現していくしか解決策はありません。

一見すると些細なミスですが、資料を探す時間を考えるとバカにできません。このミスを防ぐには以下のような対策が有効です。

1．モノを減らす

すでに終わったプロジェクトの資料や滅多に使わない辞書などが机の上を占有して

いたら当然、モノはなくなります。「机が汚いほうがアイデアが湧く」という意見もあるかもしれませんが、クリエーターでもない人の机が汚いと「自己管理ができないヤツだ」と上司から思われるだけです。

また、モノが溢れるタイプの人で「捨てるなんてもったいない」と主張する人もいますが、「モノがとるスペースや、探す時間ももったいない」という別の価値基準を検討してはどうでしょう。

2. 置く場所を決める

てっとりばやくモノの紛失を防ぎたいなら「進行中の書類はここ！」「携帯はここ！」「家の鍵はここ！」と場所を決めておく方法が最も効果的です。できればその場所を明確にしておくために専用の書類置きなり、スマホスタンドなり、カゴなりを用意すれば習慣化しやすくなります。

ただし、複雑な自己ルールは習慣化の大敵なので、なるべく負担のないルールを選ぶか、整理を手助けしてくれるツールを活用するといいでしょう。

たとえば仕事で使う書類といってもレシートや名刺、メモ、契約書、見積などさま

「仕組み」をつくると自分がラクになる

ざまなモノがあります。もし分類することが面倒であれば、すべてスキャナーに突っ込んでしまってOCR機能で文字情報化し、クラウド上で保存して、必要なときに検索をかけるといった方法もあります。

記憶の限界をふまえ、メモなどの仕組みを活用して、ミスをなくすのが基本対策です。

メモリーマスターへの道

メモリーマスターへの2つの道「記憶術」と「印象づけ」

「外部記憶補助」や「符号化」などをうまく活用することでほとんどのメモリーミスをなくすことができます。本節ではさらに記憶を活用して「メモリーマスター」となるための道を紹介しましょう。メモリーマスターへの道には2つの道があります。

ひとつは**「記憶術」**を活用する道です。

記憶術とはたとえば円周率を何十万ケタ記憶している人や、バラバラに並んだ52枚のトランプの順番を数十秒で覚えてしまう人が使っているテクニックです。これまでは試験勉強などで使われるちょっと「怪しげな方法」でしたが、最近では「メモリー・スポーツ」としてだんだんと一般への認知も広まっています。ただし、この記憶術は強力ですが限界もあり、あえて基本対策ではふれませんでした。

もうひとつの道は、**「印象づけ」**。

印象づけとは、単にミスをなくすだけではなく、記憶を武器にして相手に強い印象を与えていく道です。

具体的に言えば、多くの人が記憶を苦手としている「名前」と「数字」を積極的に記憶し、活用する道です。ではまずは記憶術から解説していきましょう。

記憶術の基本①「場所」を活用する

記憶術は何千年もの歴史を持ち、今でも書店にいけばさまざまな記憶術の本が並んでいます。ただ、記憶術の基本は、二千年以上前の古代ギリシアの時代からほとんど変わっていません。

その基本とは**「場所」と「イメージ」の活用**です。人間は、あまたある情報のなかでも「場所」と「イメージ」に関する記憶が非常に得意なのです。

では、なぜ得意なのでしょうか？

「場所」に関しての記憶は、それが人間がサバイバルするうえでとても重要な情報だったからと言われています。

「どこに餌《えさ》があるのか？」「どこに天敵となる動物がいるのか？」といった場所の記憶は人間（やコミュニティ）にとって死活問題です。

実際、人間には場所の記憶に特化した「場所細胞」という脳細胞があることが最近の研究でわかってきています。

たとえば、あなたが最近たずねた会社や出張先を思い出してみてください。駅からの道順など、細かいディテールは思い出せなくても、「あの建物は右手にあったなあ」とか、「あそこを左に曲がったところにあれがあったな」といった情報はかなり覚えていることに気づくでしょう。

記憶術ではこの人間が得意とする場所の記憶を活用するのです。

その方法を具体的に解説する前に、記憶術のもうひとつの基本である「イメージ」についても解説しておきましょう。

記憶術の基本②「イメージ」に変換する

場所と同じように人はイメージも記憶しやすい特性があります。それを実感してもらうためにひとつ例を紹介しましょう。

次の5個の単語、何の関連性もなさそうな単語ですが、まずはこれらの文字を見ながら覚えようとしてみてください。

「中華料理」「コーヒー」「信号機」「オリンピック」「スーパー」

では続いて、左ページの5個の単語を覚えようとしてみてください。

文字よりイメージのほうが強く記憶に残る

さて、文字だけの情報とイメージつきの情報のどちらが記憶しやすいですか？

おそらくイメージがあるほうが記憶しやすかったはずです。

イメージのほうが五感に広く訴えることと、情報としてのインパクトが増すことが理由だと言われています。

さて「場所」と「イメージ」という記憶術のふたつの基本を説明したところで、具体的にどのように活用するのかを簡単な例を見ながら解説していきましょう。

記憶術の王道「場所法」

これから紹介する記憶術は「場所法」などと呼ばれる方法で、記憶術の中心ともいえる方法です。場所とイメージの両方を使い、次のようなステップを踏んで行います。

①記憶したい項目を「置く場所」を決める
②記憶したい項目をイメージに変換する

③①で決めた場所に②で変換したイメージを置く

これだけです。①で使用する場所としてはあなたが歩きなれた道がいいでしょう。たとえば自宅から最寄りの駅、バス停、コンビニなどへの道のりです。

とりあえず自宅の玄関から始めて、10個の場所を思い出してみてください。参考までに私の例を挙げてみましょう。

自宅（マンション）の玄関↓自宅の前の廊下↓階段↓玄関ホール↓集合ポスト↓マンションの玄関ドア↓ゴミ集積所↓自動販売機↓マンション前の駐車場↓駐車場隣の畑

このように場所を10箇所決めたら一度目を閉じて、想像の世界のなかで実際に歩きながら、一つひとつを思い出せるか確認しましょう。

次にステップ②です。

覚えたい項目をイメージに変換するわけですが、ここではとりあえず先ほど使った単語を10個並べてみましょう。

「中華料理」「コーヒー」「信号機」「オリンピック」「スーパー」
「車」「いちご」「雲」「十字架」「パンダ」

これらをイメージに変換していきます。
今回の例は比較的イメージ化しやすいものですが、イメージ化はほんの少しでもフックができれば十分なので、深く考えないことです。バカらしいものでも語呂から浮かんだものでもいいので最初に浮かんだイメージを使いましょう。

そしてイメージが浮かんだらステップ③。①の場所にどんどん置いていきます。

玄関で履きなれない革靴と格闘する「ラーメン」マン（中華料理）
↓廊下に出ると「コーヒー」の水たまりがありせっかく履いた靴が汚れる
↓階段の途中になぜか「信号機」がある
↓玄関ホールで「棒高跳びの試合」（オリンピック）

↓集合ポストが同じ「スーパー」のチラシで溢れかえっている
↓玄関ドアに突っ込んだ「フェラーリ」（車）
↓ゴミ集積所にゴミ袋いっぱいの「あまおう」（いちご）が捨ててある
↓お金を入れると「雲」からジュースが落ちてくる恐怖の自販機
↓駐車場が「クリスチャンの墓地」（十字架）になっていた
↓畑を荒らす凶暴な「パンダ」

さて、あらためて10個の単語を思い出せますか？

単にイメージをその場所に置くだけでもいいですが、できればイメージを大きくしたり、色を派手にしたり、ありえないシチュエーションにしたりといろいろ誇張して、インパクトを出すとさらに覚えやすくなります。

以上が記憶術の中心ともいえる「場所法」の実践例です。

バカバカしく思えるかもしれませんが、記憶力を競う「世界記憶力選手権」などのメモリー・スポーツですべての選手が実際に使っているテクニックです。とくに何かを短時間で覚えたいときに非常に便利ですし、試験勉強であれば場所を何百個と用意することで、たくさんの科目の目次を短期間で覚えることができます。

なお、イメージが思い出せても元の項目が思い出せないことがあります。そのときは元の項目名を見返してください。何度か繰り返せば記憶は定着します。

なお記憶術の本を読んでいると「このテクニックを駆使して本をすべて覚えよう」といった主張も見られますが、それは現実的に不可能ですし、逆に時間がかかります。仕事であれば極端に大量の情報を覚える必要はないでしょうから、これぞという情報を、数十個の場所を何度も使いまわしながら覚えるだけで大丈夫です。

忘れやすいが重要性も高い「名前」の超簡単な覚え方

続いて、「こいつできるな」という印象を与える記憶のコツをお教えしましょう。

あなたは人の名前を覚えているほうでしょうか？

おそらく苦手だという人が多いでしょう。

なぜなら**名前は一種のシンボルにすぎず、それ自体に意味があるわけではないので本来覚えにくいもの**だからです。

たとえば私の職業や専門分野、趣味嗜好、住んでいる場所、家族構成などは、編集者や生保の営業などからすれば、「意味のある情報」であるがゆえに記憶しやすいです。

しかし、私の苗字が宇都出ではなく、仮に山田であっても佐藤であっても、私と関わる人にとっては実はどうでもいいことで、それは私を表す記号にすぎません。極端な話、「私の名前は３１５４２です」と言っていることと同じです。

ですから大人数が集まる交流会などで誰かと知り合って、30秒で名前を忘れてしまうような現象が起きても、それは普通のことです。

ただ、忘れやすいにもかかわらず、名前を覚えておくことは社会的にはかなり重要です。また、「なんとなく覚えている」ではまったく役立たないのもハードルを高くしています。

忘れやすいのに重要であるというギャップがあるからこそ、多くの人は名前を覚えることに一種の憧れを抱いています。だとすれば、人より少しだけ努力をして名前を徹底的に覚えるように習慣づけておけば、あなたの評価や好感度は上がるということです。

■同級生の名前の記憶で「記憶の達人」に

実は先日、名前を覚えていることがもたらすインパクトを実感する機会がありました。30年ぶりに大学の同窓会に参加したときのことです。

そこでは当時のクラスの集合写真をみんなで囲んで名前を思い出していました。30年も経つと消息不明のクラスメートも多く、頼りの名簿もなくなってしまっていたので、みんなで名前を思い出してFacebookなどで調べようという話になったのです。

そのなかでみんなから尊敬のまなざしを浴びたのが、だれもが思い出せない同級生の名前を覚えていたO君でした。

よくよく聞いてみると、O君は何も名前を覚えることが特技というわけではありませんでした。本人曰く、入学した当初、暇さえあればクラス名簿を眺めていたからだろうと。

人見知りが激しく地方から都会に出てきたO君は、うまく周囲と馴染めるのか不安で、せめて名前くらいは覚えようとクラスの名簿を眺めていたそうなのです。つまり記憶の基本である「繰り返し」の賜物です。

そして彼の頭のなかではいまだにクラス名簿のページが「映像」としてそのまま思い浮かぶ、というからたいしたものです。

■超簡単な名前の覚え方

では、仕事で会った人の名前はどうやって覚えたらいいのでしょう。

先ほど紹介した記憶術の「イメージ」を使うこともひとつの手です。たとえば児島《こじま》さんなら「子供だらけの島の王様になっている姿」を想像するなど、名前から浮かぶイメージをその人の顔のイメージに結びつけるという方法です。

ただ、そこまでしなくても簡単に記憶できる方法があります。

それは意図的に相手の名前を会話の中で使うことです。


たとえば初めての商談の席で……

●「(名刺を見ながら)齋藤部長さんですね。どうぞよろしくお願いいたします」

●「ほう、それは勉強になります。齋藤部長は生産畑が長いんですか？」
●「〜ということになります。齋藤部長、何かご質問はございませんか？」
●「齋藤部長、本日はお忙しいなかありがとうございました」

やたらと名前で呼び合う欧米と違って、日本では相手の名前を呼ばなくても会話が成立してしまいます。文章にするとしつこいと感じるかもしれませんが、実際の会話で言われると別に違和感はないはずですし、名前を呼ばれて嫌な気分になる人はいません。

はじめて出会ったときに、いかに繰り返し名前を呼べるかが覚えるポイントです。

説得力がたちまち上がる「キーナンバー」を覚える

相手に強い印象を与えるために記憶しておきたいもうひとつのジャンルが「数字」です。会議や宴会の席などで、抽象論だけではなく具体的な「数字」を語れるビジネスパーソンに会うと、「この人できるな」と感心しませんか？

実際の仕事ぶりを知らなくても、当事者感と言いますか、本気度と言いますか、プロ意識が伝わってきます。

数字にはチカラがあります。揺るぎない客観的なデータなので、抽象論を語るより説得力が増すのです。アップルのプレゼンなどを見ていても大画面にうつされるのは数字ばかり。だからプレゼンにインパクトがあるのです。

セールスが自分のノルマや達成率などを覚えているのは当たり前でしょうが、たとえば新入社員が3年前の会社の純利益を覚えていたら上司は椅子から転げ落ちるでしょう。実際に仕事でものすごいことを成し遂げたわけでもないのに、「大物新人が入ってきた」と思われるはずです。

現実問題、ビジネスの現場で数字を語れる人は限られています。

たしかに数字は覚えづらいものです。ただ、そうはいっても何十万ケタの円周率を覚えるわけではありませんから、結局は覚えようと思うか思わないかだけの差。

キーとなる数字はそんなに多くないでしょうし、資格試験と違ってカンニングペーパーの持ち込みもＯＫです。大事な数字をメモしておいて、お客さんや上司との会話のなかで積極的に使うようにするのです。

そうやって実際に使うことで繰り返しとなり、記憶が強化されていきます。

その第一歩となるのはキーナンバーの洗い出しです。**「この数字を覚えておけばインパクトが大きい（または説得力が増す）」という数字をリスト化する**ことから始めて、会話の中で積極的に使うようにしてみてください。

日本の面積は「サメに乗ったマラソンランナー」

キーナンバーに絞っても、数字自体に苦手意識があって、なかなか数字を使えない、覚えられないという人がいるかもしれません。

そんな人は先ほど紹介した記憶術を応用して、数字を具体的なイメージに変換して覚えてしまいましょう。

古典的な方法としては、「鳴くよ（７９４）ウグイス平安京」のように、語呂合わせを使って具体的なイメージに変える方法があります。ただ、いちいち語呂合わせを考えるのも手間ですよね。

この手間を避けるために、機械的に数字をイメージに変換できてしまう方法があるので、その方法をご紹介しておきましょう。

これは、数字の1はア行（あ・い・う・え・お）のどれか一文字、数字の2はカ行（か・き・く・け・こ）のどれか一文字といった具合に変換していく方法です。

たとえば、日本の総面積は37万7９００㎢ですが、これを約38万㎢として「38」を「サ行の一文字＋ヤ行の一文字」で始まる言葉に変換します。いろいろ考えられると思いますが、ひとつの例としては刀の「鞘（さや）」。ほかにも「サヤエンドウ」などがありますね。

日本地図の真ん中に鞘が突っ立っていて、鞘の中に土が入っているイメージでも思い浮かべれば、「日本の面積は鞘、38だった……」と簡単に覚えられるでしょう。

二桁以上を覚えたければ、二桁ずつに分けて、それぞれをこのルールに従って、何か具体的なイメージにしてくっつければいいのです。なお、奇数の桁の場合は最初か最後に「0」をつけて二桁ずつになるようにしてください。

先ほどの日本の面積をもっと細かい数字まで覚えるのであれば、「37」を「サ行の一文字＋マ行の一文字」、「79」を「マ行の一文字＋ラ行の一文字」を使った言葉にそれぞれ変換し、組み合わせるのです。

たとえば、「37」は「サメ」、「79」は「マラソンランナー」に変換します。「マラソンランナー」は具体的な人に決めたほうがいいでしょう。私の場合はオリンピックで二大会連続でメダルを獲った有森裕子さんにしました。そして、サメに乗って日本一周をしている有森裕子さんのイメージを作れば、「日本の面積はサメと有森裕子さん、マラソンランナーだから、『37』『79』」と覚えられます。

初めは手間がかかるように思うかもしれませんが、慣れてくれば、毎回、数字に対応する言葉を考えるまでもなく、数字を見た瞬間に言葉が浮かぶようになります。

記憶術も活用し、名前や大事な数字を覚えて、メモリーマスターの道を歩んでいきましょう。

数字をイメージに変換する

数字	かな	数字	かな
1 →	あいうえお	6 →	はひふへほ
2 →	かきくけこ	7 →	まみむめも
3 →	さしすせそ	8 →	や　ゆ　よ
4 →	たちつてと	9 →	らりるれろ
5 →	なにぬねの	0 →	わ　を　ん

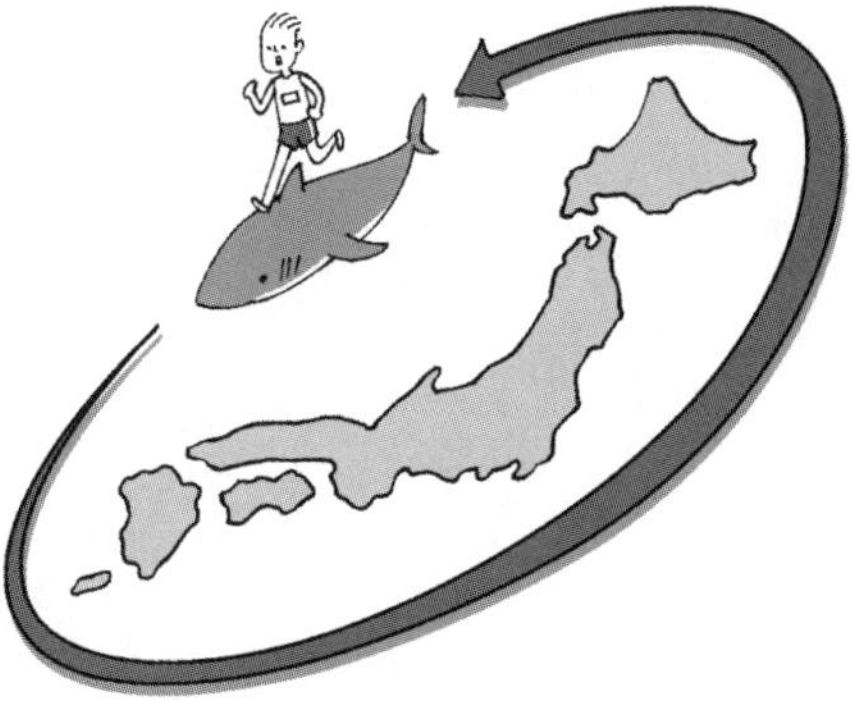

日本の面積はサメ（37）に乗ったマラソンランナー（79）

2章

Attention Errors

アテンションミス

「失敗してはいけない」と強く思うほど失敗する理由

- ☑ 文章の誤字脱字
- ☑ メールの送信先の間違え
- ☑ 数字の桁間違え
- ☑ 相手の話を聞いていない
- ☑ 注意散漫で仕事が進まない

> 本章を読めば、これらの原因と対策がわかります

アテンションミスが起きる原因

わずかなミスが命取りの時代

この章で取り上げる仕事のミスは**「アテンションミス」**。注意にかかわるミスであり、「うっかりミス」や「見落とし」などです。ミスの規模は小さくても、ミスの代償は大きな損害や事故につながることも少なくありません。

たとえば巨大システムのプログラムミス。ほんの1行分の誤りが、銀行のATMシステムや飛行機の運行システムなどをダウンさせて、何十万、何百万もの人に影響を与えたりもします。または証券会社の営業担当者が犯した入力ミスが、数百億円の損害をもたらしたこともあります。株価と株数の数字を入れ替えて入力してしまったミスでした。

コンピューターの普及とネットワーク化により、今の時代は「うっかりミス」が「うっかり」で済まされない時代にもなっているのです。

では、この「アテンションミス」はなぜ起きるのでしょう。「もっと注意しろ」と言い聞かせて防ぐことができるなら苦労しませんが、そうはいかないようです。そのメカニズムを見ていきましょう。

人はちゃんと見ているようで見ていない

最初に簡単な実験をしてみましょう。

顔を上げて周りの風景をしっかり見てみてください。人やモノなどいろいろと目に入ると思いますが、とにかくすべてをしっかり観察してください。

では、あなたに質問です。

今見た風景のなかに青色のモノはあったでしょうか？

あったとしたらそれは何でしょうか？

顔を上げたくなる気持ちを我慢して、眼を閉じて思い出してみてください。

おそらくほとんどの人は思い出せなかったのではないでしょうか。

では、もう一度、周りの風景をよく見てください。

今度は青色のものがまるで浮かび上がるように目に飛び込んできたはずです。

同じ風景を「しっかり」見ていても、実際に目に入ってワーキングメモリに残る事柄は、あなたが注意をどこに向けていたかで変わってくるのです。

人はちゃんと見ているようで見ていません。**つまりアテンションミスというのは特別なことではなくて、常に起こっているともいえるのです。**

まずはこの事実を自覚することがアテンションミスをなくす第一歩です。

世界を見ているのは「眼」ではなく「脳」

「人は世界をそのまま見ているようで見ていない」

これはここ数十年、急速に研究が進んでいる認知科学で明らかになっている事実です。わかりやすい例が「錯視《さくし》」と呼ばれる現象。

下図に二人の人物が描かれています。さて、奥の人物は手前の人物より大きいでしょうか？

「錯視」の例だと断った通り、二人は同じ大きさです。わかっていても奥の人物のほうが大きく見えてしまいます。

このイラストは、平面上に奥行きが描かれていて遠くにいるほどわれわれには小さく見えるので脳はそれを補正しようとして右側の人物を大きく見せようとします。この脳が勝手に行う補正が「錯視」です。

私たちは世界をそのまま見ていると思

奥にいる人が大きく見えるが……？

っていますが、目から入った情報は脳で処理されることで初めて認識できます。つまり、**私たちは「眼」ではなく「脳」で見ている**のです。

ハーバード大学発の実験動画

あなたが見ている世界は、脳の処理後の世界である。これが認知科学の研究が明らかにしてきた事実です。そして、ここに**「アテンション」（注意）**が絡んできます。

ただでさえ私たちは世界をありのまま見ていないのに、アテンションを向ける対象が変わることで見えるもの、見えないものが出てきてしまうのです。

このことを世界に知らしめた有名な実験があるのでご紹介しましょう。

「選択的注意」テストと呼ばれるもので、ハーバード大学の研究室が作成した動画による実験です。この動画では、黒いシャツと白いシャツを着たチームがそれぞれバスケットボールを持って、狭い場所で入り乱れながら自分のチームメイトにパスしていきます。

こちらのサイトから動画を見ることができます。
http://www.theinvisiblegorilla.com/videos.html
1分ほどの動画なので、続きを読む前にテストされることを強くおすすめします。

この動画の冒頭では、視聴者はこう問いかけられます。

「白いユニフォームのチームが、何回パスをするか数えてください」

実はこの質問は注意を誘導させるためで、この動画の趣旨は、バスケットボールとは一切無関係の「あるもの」に気づいたかどうかを試しています。

動画を見ればわかりますが、それは画面の端で見切れているといったレベルではありません。パスをする人たちの間を縫って画面の中央まで堂々と歩いてきて、わざわざ目立つような仕草までします。しかし、多くの視聴者はその存在に気づかないのです。私もはじめてこの動画を見たとき、まったく気づきませんでした。

人が注意を払える対象は限られています。あるものに注意を払うと、ほかのものが見えなくなるのです。

アテンションが増えるとワーキングメモリが圧迫される

1章で示したワーキングメモリを表したイラスト（27ページ）を思い出してください。

アテンションという「腕」によって新しく入ってきた情報をつかんで、「覚えた！」という状態を作っているのがワーキングメモリのメカニズムでした。そしてこの「腕」の数が限られているため、同時に注意を向けたり、記憶できる情報に限りがあるのでした。

先ほどのハーバード大学のバスケットボールのパスを数える実験でこのワーキングメモリはどんな様子だったかを表すと、左ページのようになります。

おそらく1本の腕は白いシャツを着ているチームがパスをしている「ボール」に向けられていたでしょう。そして何本かの腕は白いシャツを着ている「メンバー」を摑

「あるもの」に
アテンション（注意）が向かない

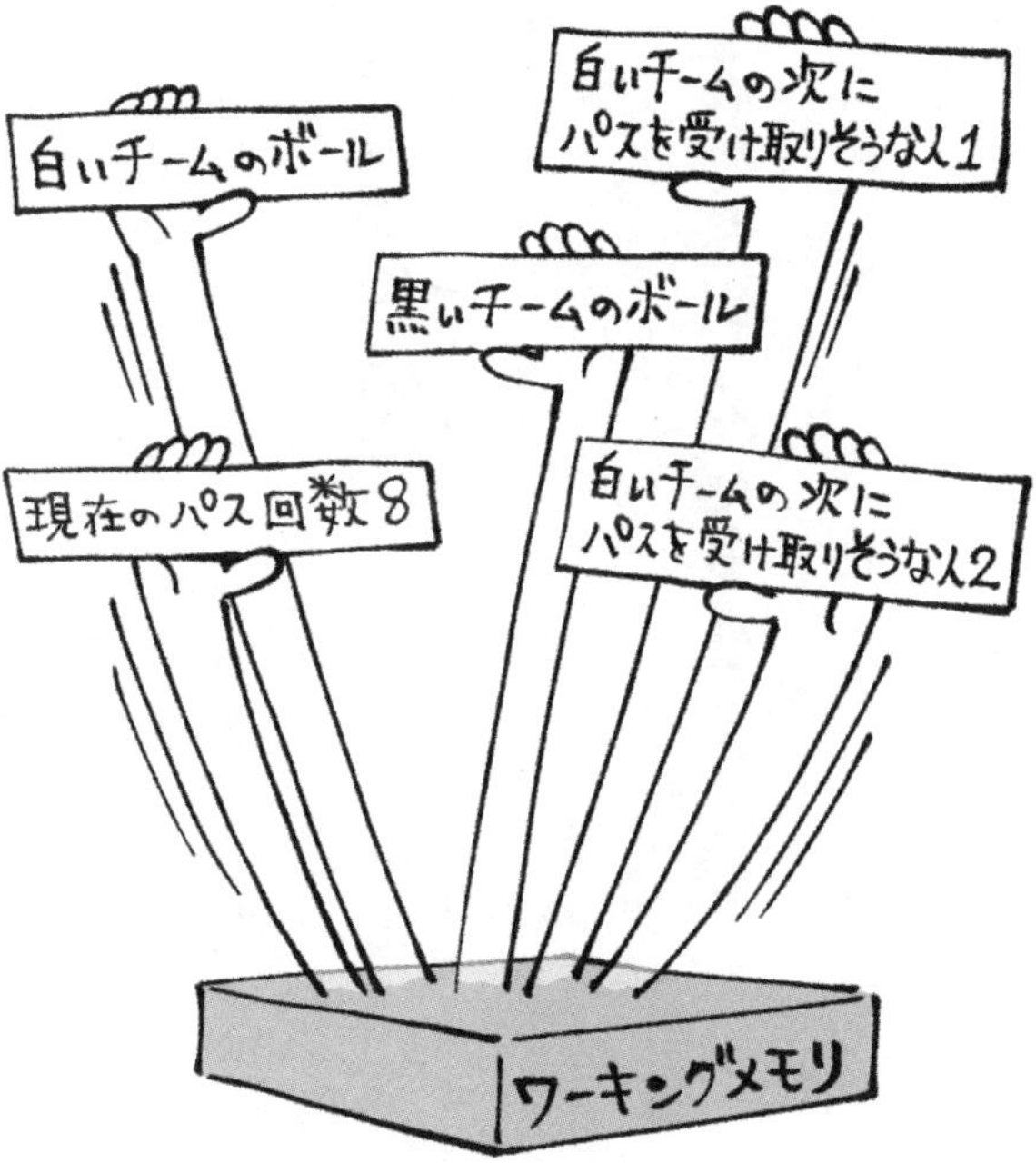

んでいたに違いありません。

また、忘れてはならないのがパスの回数です。「1回、2回」とカウントした数をワーキングメモリ内に蓄えるために、少なくとも1本の「腕」が必要です。とくにこの腕を手放すと、せっかく数えてきた努力が水の泡になるので、かなりの注意を払っていたはずです。

このようにパスの回数を数えるためにかなりの数の「腕」を使うと、ほかのことには注意が向きません。ワーキングメモリに余裕がない状態ともいえます。ゴリラの着ぐるみに気づけなかったとしてもしょうがないことなのです。

「注意を向けないため」にも注意が必要

また、先ほどの動画ではさらにワーキングメモリの「腕」を使っているものがあります。何かわかりますか？

それは黒いシャツを着ているチームとそのボールです。

「黒いシャツを着ているチームは無視していいのだから、注意を払う必要はないのでは?」と思われるかもしれませんが、**物事を無視（専門用語で「注意抑制」）するためにも、実は注意が必要**なのです。

職場であれば、たとえばスマホ。仕事中、無性にスマホを開きたくなったことはありませんか?　ゲームが好きな方はもちろん、メールをチェックしたくなったり、Facebookなどの SNS を見たくなったり、気になるニュースを見たくなったり……。

ついつい手が伸びるのを我慢しているとき、ワーキングメモリの注意の「腕」はスマホやその中のアプリなどに向かっています。

「気になる」「集中できない」という状態は、貴重な「腕」を使っているのです。

「不安」や「心配」があなたの注意を奪っている

アテンションミスを頻発する人は共通してこの「腕」の浪費家です。ムダ遣いしすぎて本来注意を集中させるべき仕事に割く十分な数の「腕」が残っていません。

では何に注意をとられているか。

スマホなど「外」だけでなく、「内」にもとられています。つまり、あなたの心情への注意です。**とくに浪費するのが「不安」や「心配」、「後悔」など。**

これらはいったんハマるとどんどん増幅し、気づくとすべての腕が占拠されていた……なんてことが起きるからです。

最近の調査では、人は起きている時間の半分近くを、その時点で行っている活動とは無関係なことを考えているという結果が出ています。

注意が散漫になりやすい私たち。アテンションミスを減らし仕事で成果を出すには、注意という貴重な資源をきちんとマネジメントする必要があるのです。

アテンションミスの基本対策

基本対策は「がんばらないこと」

アテンションミスが起こるメカニズムを踏まえた基本対策を解説していきましょう。

ひとつ目の対策は**「ちゃんと見ようとしない」**ことです。

「逆効果だろ」とツッコミが聞えてきそうです。しかし、人はいくら自分に「しっかり見ろ」と言い聞かせたところで、それが原因でミスを犯すことがあります。

たとえば目の前でトランプや硬貨などを操るテーブルマジック。「トリックを見破ってやろう」と注意を向ければ向けるほどマジシャンの思うツボです。マジシャンは注意の誘導のプロなので、視野が狭くなり、注意の死角が生まれます。

よってあまりがんばらない、つまり極端に視野を狭くしないことが重要なのです。

とくに真面目な性格な人やなまじ知識がある人ほど、先入観や思い込みにとらわれやすく、視野が狭くなり視野の外のものに注意が向かず、ミスを犯しやすくなります。

この話は4章の「ジャッジメントミス（判断ミス）」でも詳しく解説しますが、先入観や思い込みといった「記憶」も「注意」に悪影響を与えるのです。

「がんばらない」と言われてもピンとこない人もいるでしょう。

「がんばらない」とは俯瞰すること、つまり今まで以上に広い視野で物事を見ようということです。ゴリラの動画のように、人は前のめりになりやすい性質があります。それを理解したうえで、ちょっと体を起こして、全体を見るのです。

もちろん、時には前のめりになることも必要です。究極の集中状態とも言われる「ゾーン」や「フロー」といった状態は前のめりにならないと入ることができません。ただ、視野の狭さが原因で大事なことを見落とすこともあるということを大前提として知っておくことが大事です。

フレームワークで「視点」を動かす

視野が狭まることを防止するときに役立つのが、コンサルタントがよく使う「フレームワーク（枠組み）」と呼ばれるツールです。

フレームワークとは**「どこに注意を向けるべきかを事前に決めてあるルール」**といってもいいでしょう。

たとえば企業戦略を考えるときに使うフレームワークで「3C」と呼ばれるものがあります。Company（自社）・Customer（顧客）・Competitor（競合）のことを指します。

これを使えばいままで経営陣が「自社」のことばかりに注意を向けて考えていたとしても、強制的に「顧客」や「競合」についても注意を向けるようになります。

「顧客のことをすっかり忘れていた！」「競合相手が意外と手強かった！」といったアテンションミスを回避できるチャンスが増えます。

企業がわざわざコンサルタントに高いお金を払ってまでこうしたフレームワークを

導入する目的は、自分たちの視野が狭まることを防ぎ、経営判断の精度を上げるためです。

「他人の手助けを使わないでも自分たちで意識的に俯瞰すればいいじゃないか」と思うかもしれません。

ただ、企業には文化がありますから注意が偏ることはよくあることであり、そうした自分たちの弱点を知っているからこそあえて外部の視点を入れるのです。

単純な作業に慣れると注意力は増す

再度、あのゴリラの動画を考えてみましょう。

あの動画をはじめて見た人のなかで、白いチームのパスを正確に数えつつ、ゴリラの着ぐるみに気づく人も世の中にはいます。

それはどんな人なのでしょうか。

これは推測の域を出ませんが、おそらくバスケの経験者や普段からバスケの試合を見慣れている人だと思います。なぜかというと、バスケを見ることに慣れた人ほど余裕を持って動画を見ることができるからです。

仕事でも、ある仕事の経験を積めば積むほど、そこに全身全霊を傾けなくても正確、かつ迅速に仕事がこなせるようになります。必要な「腕」の本数が減るのです。

よって仕事でアテンションミスを減らしたいなら、さっさと仕事に慣れてしまうことです。

すべての仕事とは言いません。いわゆる雑用のような単純な作業であれば何度も繰り返していればルーチン化するでしょう。そうやって**注意力を消費しない仕事が増えれば、ほかの重要な仕事に割くアテンションが増える**というわけです。

一般的に単純作業は敬遠され、ついつい適当にこなしがちになりますが、そこをあえて本気で取り組み、人より早く習熟することで余裕が生まれます。すると難易度の高い仕事の質も上がるようになり、やがてそれですら習熟して、もう一段階上の仕事が与えられるようになるのです。

クルマの運転をしながら会話できますか？

アテンションと習熟度の関係は、クルマの運転にたとえるとわかりやすいかもしれません。クルマの運転に慣れた人は、運転をしながら同乗者と会話できますが、初心者マークをつけていたころはそのような余裕はなかったはずです。

教習所で習った運転操作や注意点、交通ルールなどでワーキングメモリが一杯だったはずです。さらには、運転に不慣れだと視覚情報の取捨選択の勘所がわかっていないので、フロントガラスやサイドミラーから入ってくる情報をすべて取り込もうとします。

そこで同乗者から話しかけられても注意の向けようがないわけです。

これが運転の経験を積み重ねていくと運転操作は身体で覚えてしまいます（実際に脳内には動作を記憶する領域があります）。するとわざわざワーキングメモリを使う必要がなくなります。

また視覚情報に関しても、「この局面では、ここここを確認すればいい」と情報を選別できるようになるので、最低限の注意力で事足りるようになります。

ここで仕事に話を戻すと、たとえば大事なプレゼン資料での誤字の見落としに気づいたとき、ついつい「校正作業の質」がクローズアップされがちですが、**本来大事なことは「校正作業」以外のことでアテンションを使っていなかったか振り返ること**なのです。

それをせずに「次回はもっと真剣に校正しよう」と意気込んだところで、使えるアテンションの量は同じか、もしくは「ミスをなくそう」とさらに注意を使うことでさらにアテンションの量が減り、結果的にミスが増えることにつながりかねません。

そしてこれこそ、アテンションミスを繰り返す人に多く見られる悪循環です。

「注意のムダ遣い」を減らす方法

ここまでフレームワークを活用して注意を意識的に振り分けることや、仕事に慣れて注意に余裕を生み出すといった基本対策をお伝えしてきました。

もうひとつの基本対策は、**注意のムダ遣いを減らすこと**です。

仕事でなかなか集中できないとき、たいていの人は大小の心配事や関心事を抱えています。あれこれ考えすぎて「腕」が足りていない状態です。

こうした状態を回避するシンプルな方法があります。

それは話す、または書き出す。つまりアウトプットすることです。

以前、ベストセラーになった『ゼロ秒思考』という本があります。マッキンゼーのコンサルタントだった赤羽雄二さんの著書で、一瞬で答えが出るようになる方法を書いたものです。

その方法というのが非常にシンプルなものでした。白紙のA4の紙（何かの裏紙がおすすめだそうです）を用意して、とにかく気になることを書き出す。基本はこれだけです。

そしてたしかにこれは効果的なのです。

なぜかというと、ワーキングメモリを支配している心配事や関心事を書き出すことで、注意という腕からそれらを手放すことができるからです。結果、ワーキングメモリに余裕を生み出し、情報の処理や思考が効率的にできるようになります。

もちろん、書き出したからといって完全に頭から消え去るわけではありませんが、少なくともワーキングメモリの負荷は減らすことはできます。

見直す癖をつける

メモリーミスと同様、アテンションミスは完全になくすことはできません。われわれの脳の仕組み、注意の限界から、根絶することは人間である限り無理です。

しかし一方で、そのミスが特定の仕事におけるミスとならないことが求められます。だとすれば、アテンションミスが起きることを前提に考え、そのミスが被害を出さないように食い止める**「セーフティーネット」をあらかじめ考えておくこと**が重要です。

そのセーフティーネットの最たるものが、会社ではおなじみのチェック作業です。

とくに新人のころは報告書なり見積書なりの成果物を上司に見せるとき、「ちゃんとチェックしたか?」と口すっぱく言われるでしょう。チェック作業は仕事の基本中の基本だからです（上司があとになって間違いを指摘するのが面倒だという側面もありますが）。

たとえば左ページのようなありがちなアテンションミスは、チェック作業をすれば防ぎやすくなります。

チェックリストのススメ

チェック作業を明文化したものがチェックリストです。

品質と安全が第一の製造業や建築業などに携わる人はチェックリストを日々使っていると思います。

究極の例が航空機のパイロット。アテンションミスが生死に直結する仕事ですから、どれだけベテランの機長であっても膨大なチェックリストに沿って仕事をこなしています。

チェックリストはどんな仕事にあっても非常に有効です。

アテンションミスを防ぐチェック作業

■ メールや報告書、プレゼン資料などでの誤字脱字

› 対策案 読み返し

一通り誤字脱字を修正したら、再度、印刷して見直すことをおすすめします。誤字脱字を修正した箇所があるとそこに注意をとられて、そのすぐそばにある誤字脱字を見落とす危険性があるためです。

■ 発注書・見積書の誤入力

› 対策案 元の資料との突き合わせ

画面上でチェックするよりも完成物を印刷して、元の資料と突き合わせをすると精度が上がります。入力したときの状態（見慣れたパソコンの画面）と違う状態を意図的に作り出し、注意の向け方を変えることで、入力のときには死角になっていた箇所に注意が向き、ミスに気づく可能性が高まります。

■ アポの日時や場所の勘違い

› 対策案 スケジュール帳の見返し
大事なアポなら先方へ念押しメール

紙のスケジュール帳であれば予定を確認するときにその前後の日の予定もチラチラと目に入るので知らず知らずにチェックすることになりますが、パソコンやスマホ上のスケジュール管理ソフトだと必要なところだけしか見ないケースが多くなり、スケジュールの記入漏れといった凡ミスに気づきにくいので注意が必要です。最低、1日1回は前後1ヶ月の予定をざっと眺めるといいでしょう。

たしかに経験を積めば「前回あれを忘れたから気をつけよう」「ここはミスしやすい箇所だな」などと注意を割くべきポイントがわかるようになってきますし、それがベテランの存在価値でもあるのですが、そうかといって毎回記憶に頼っているようではあまりに非効率です。思い出すという行為がワーキングメモリを圧迫してしまいます。

一度手間をかけてチェックリストを作ってしまえば、それ以降は頭を使う必要がありません。仕事の効率はさらに上がるでしょう。いまの職場にそうしたチェックリストがないとしても、自分なりのチェックリストを作って日々の業務で活用することを強く推奨します。

たとえば海外出張が多い方であれば、「持ち物リスト」を1回作ってしまえばパッキング作業はすぐに終わりますし、「なにか入れ忘れた気がするんだよなぁ」といった例のソワソワした気分（これもワーキングメモリのムダ遣い）もなくなります。

非常に原始的ですし、まるで遠足のしおりを作っているような気分になるかもしれませんが、効果は絶大です。たった1回リストを作る手間をかけるだけでその後、永続的に効果があるならやらないほうが損です。

もし自分だけによるチェックだと甘いと感じるのであれば、同僚を巻き込んで2人以上の目で確認するようにすればいいでしょうし（ダブルチェック）、そうした提案は上司も喜んで聞いてくれるはずです。

注意の方向を変える

先ほど文字のチェックは読み直しをすればいいと書きましたが、長文になると一回読み直してもすべての誤字脱字が見つけられるわけではありません。

私は出版社に勤務していたとき誤字脱字をチェックする校正も経験しましたが、はじめて校正をしたゲラを上司に渡したとき、「お前、本当に読んだのか!!」と怒られた経験があります。気合を入れてチェックしたつもりでしたが、かなりの誤字脱字を見落としていたのです。

正直ショックでしたが、それ以上に「なぜ？」と驚きました。適当に読んだつもりなどなかったからです。

その後、校正作業を繰り返していくなかで、校正で求められる注意力と、日ごろプライベートで本を読むときに使う注意力では、根本的に違うことがわかりました。**注意の矛先が違う**のです。

普段本を読むときはその内容を理解しようと思って読んでいるわけで、誤字脱字を探しているわけではありません。脳がこの読書モードにあるときは、たとえ誤字脱字があっても脳が勝手に補正（正しい文字に変換）してしまうのです。このモードで校正をしても間違いに気づくわけがありません。

よって**校正をするときはあえて内容を追わず、文脈を気にせず、ただ目の前の文字に注意を向けるようにしました**。もちろん内容的なチェックも必要ですが、一度にすべてやるのではなく、注意を向けるところを変えたのです。

たとえば、「漢字の誤植を探すモード」「数字の間違いを探すモード」「図版の間違いを探すモード」「文章の流れを正すモード」と、毎回メガネを変えていく感覚です。注意の矛先で見えるものが変わってくることを実感した体験となりました。

TO DOリストを作る

仕事術の定番、TO DOリストもアテンションミスを防ぐために有効です。その目的はふたつ。「何をすべきかを思い出すため」と「自分の進捗具合を可視化するため」です。

とくにアテンションミスに絡んでくるのが前者で、TO DOリストを作ってしまえばひとつの仕事に取り掛かった瞬間から、リストに書かれたほかの仕事のことはいったん忘れていいのです。まさにワーキングメモリの節約です。

また、進捗を可視化することで「いっぱい仕事があるなぁ。終わるかなぁ」といった不必要な心配ごとが軽減されます。こちらもワーキングメモリの節約につながります。

このようにワーキングメモリの節約に有効なTO DOリストですが、実践していない人も少なからずいます。おそらく「わざわざ書かなくても頭の中に入っているし、成果も出ている」と思っているのでしょう。しかし、ここまで見てきた通り、頭に入っている時点で貴重な注意、ワーキングメモリのムダ遣いをしているのです。TODOリストを使って「さらに成果を出す」ということを考慮してみてはどうでしょうか。

実際のリスト化の手順やルールについては、こだわろうと思えばいくらでも方法はありますし、専用アプリも無数にあるので迷いそうです。

しかし、リスト化の目的は「注意」という腕をフリーにすることなので、形にこだわる必要はありません。とにかく注意のムダ遣いを減らし、ワーキングメモリをスッキリした状態に保つという一点に焦点を当てて、自分なりのやり方を考えて実行していけばいいだけです。

たとえば朝、会社に来て仕事に取り掛かる前に（または前日の退社する前に）、頭に思い浮かんだ順に裏紙に書き出して、仕事が終わったら塗り潰す。

この基本形で十分事足ります。

「すぐやる」がワーキングメモリを解放する

以前、『結局、「すぐやる人」がすべてを手に入れる』（藤由達藏《ふじよしたつぞう》著）が20万部を超えるベストセラーになりましたが、その後も「すぐやる」を冠した本が数多く出版され、読まれています。これはあまりにも多い情報と選択肢に注意が奪われ、肝心の行動に踏み出せない現代人の悩みに応えているからでしょう。

実は、この「すぐやる」こと自体が注意のムダ遣いを減らし、ワーキングメモリをフルに活用するために有効です。「すぐやる」ことで覚えておく必要がなくなり、ワーキングメモリが解放され、フルに活用できるようになるからです。

また、「すぐやらない」で考える場合、未来はどうなるかわかりませんから、そこに大きな可能性があったとしても、考えれば考えるほどリスクや心配事が浮かんできて、そこにどんどん注意がとられてしまいます。

そうなるとワーキングメモリはアップアップになって、「結論が出ないということは、いまはそのタイミングではないのだ」と言い訳がましい決断を下す場合が多いのです。

会社でも何度も会議を開いた挙句、結論がうやむやになり、結果的に現状維持を選ぶ、ということはよくあります。

人が安全を求め、リスクを避けようとするのは動物としてのサバイバル本能を考えたらごく自然なこと。しかも高度な知能を持った人間は、「やらない理由」を思いつくことに関しては誰しも天才です。

見えない「不安」や「リスク」ばかりに注意をとられ、「可能性」に注意が向かなくなってしまうわけですから、これも一種のアテンションミスと言えます。

「すぐやる」とは余計なことを考えず、行動に移すことに重きを置いています。行動に移せば必ず何かしらの反応や結果が生まれます。**いわば、外の世界というメモに書き出している**のです。

そして、その書き出されたものを元に、また行動を起こしていく。常にワーキングメモリがすっきりした状態で、注意をフルに使えることがおわかりいただけると思います。

「すぐやる」＝「何も考えない」ではありません。頭のなかではなく、頭の外で、

「世界」にメモしながら、効果的に考えることでもあるのです。

未完了事項を完了させる

人は中途半端な状態のものほど意識に残ると言われています。これを「ザイガルニック効果」と呼びます。

たとえば連続テレビドラマで、山場の途中で話が終わると、続きが気になってしょうがなくなるあの現象のことです。

このようにザイガルニック効果は何かを記憶に残したい場合には積極的に使いたいものですが、おわかりのように「気になる」状態とは注意力を奪っている状態のことでもあります。よってアテンションミスを減らすという目的であれば、**中途半端な状態はできるだけなくすことが大事**です。

もちろんドラマは視聴者がコントロールできるものではありませんが、仕事であれば自己裁量が効くはずです。たとえばその日にやると決めた仕事は多少残業をしても終わらせる。そのほうが達成感もあいまって脳はストレスフリーならぬ、アテンションフリーになり、ビールの味も美味しく感じることでしょうし、心配事がなければ睡眠もしっかり取れ、翌日の仕事がまたはかどるはずです。

また、終わらせることの重要性は目の前の仕事の話にとどまりません。

たとえば上司に謝らないといけない隠し事があったり、ずっと読みたいと思っている本があったり、いつかは会って話をしてみたい経営者がいたり、人は何かしらの未完了事項を抱えているものです。

そういったものは知らず知らずのうちにあなたの注意を奪っている可能性がありす。ですので、1年に1回でも半年に1回でもいいので、あなたが気になっていることや、やり残していることなどがあれば**「未完了リスト」として紙に書き出し、完了予定日を設定して、片っ端から片づけてみてはどうでしょうか。**

いわば人生のTO DOリストです。

もちろん、すべて完了できるとは限りませんし、検討した結果、リストに載せないという判断を下す場面もあるでしょう。それはそれでいいのです。なんらかの決着をつけ、気になることをひとつでも減らすことができれば、それは必ずアテンションミスを減らしてくれるのですから。

アテンションマスターへの道

「マルチタスク」か「シングルタスク」か？

アテンションマスターと聞くと、メモも何もとらずにいくつもの仕事を同時に、かつ正確に処理していく姿を想像していたかもしれません。

しかしここまで読まれてきたあなたは、「注意」は限られた資源であり、しかもわれわれは見ているようでもちゃんと見ていない事実を突きつけられ、そんなことは幻想であると気づかれたことでしょう。

ビジネスの世界では同時にさまざまな仕事をこなす「マルチタスク」と、ひとつの仕事に集中する「シングルタスク」のどちらが効率的なのか、よく議論になります。

ただ、**マルチタスクといっても、「注意」が限られている以上、実際にはシングル**

タスクを素早く切り替えているのにすぎません。素早く切り替えながら、いろいろな仕事をしていると、なんだかたくさんの仕事をしている気になるかもしれませんが、気をつけたいのが切り替えるときに生じるロス。

仕事をしていて話しかけられたり、電話が入ってきたり、メールをチェックしたりして仕事が中断されると、元の仕事にすぐには戻れない経験をしたことはないでしょうか。

わずかなことなのであまり意識しないかもしれませんが、1日に何度もタスクを切り替えることを考えると、そのロスはかなりの量になります。

一見効率的に見えるマルチタスクは、このロスを考えると、実は非効率なのです。とくに現代はニュースやメール、SNS、各種アプリのプッシュ通知などによって仕事が細切れに中断される機会が増えています。つまり放っておいてもマルチタスクにならざるを得ません。

だとすれば、自分でコントロールできる範囲でシングルタスク化をしないと、仕事の質は下がる一方です。それをできる人がアテンションマスターになることができます。

「ゾーン」「フロー」がアテンションマスターへの道

シングルタスクのようにひとつのことに集中する究極の形が「ゾーン」や「フロー」と呼ばれているものです。人はゾーンに入ると一切の雑念が消え、自分の潜在能力を引き出しやすくなります。

ゾーンに入ると意識は対象に集中していますが、実は注意というリソースをほとんど使っていません。

つまり、意識的にその対象に注意を向けようとしているのではなく、自然と注意が向いている状態、もっと言えば、対象と一体化したような状態になっているからです。ワーキングメモリもすっきりした状態で、情報処理の精度も高く、頭の回転が速くなったように感じられることもあります。仕事がはかどるのも当然です。

よっていつでもゾーンに入れれば理想的なのですが、「ゾーンに入れ」と人から言われたり、自分に言い聞かせたところで入れるものでもありません。ただ、ゾーンやフローに入りやすい条件や方法はあります。

ここからは、その具体的な方法について詳しく解説していきましょう。

ゾーンに入る6つの方法

ゾーンに入るという脳の状態が注目されたのはスポーツの分野からです。多くの一流選手がこのゾーンという状態を活用していることがわかってきたのです。

そして、ゾーンに入るためにアスリートが行っていることとして注目されているのが「ルーチン」と呼ばれる、一連の決まった手順。2015年のワールドカップラグビーで強豪南アフリカを破った日本代表の五郎丸歩《ごろうまるあゆむ》選手が、キックをする前に行うルーチンが注目され、その重要性がしきりに言われるようになりました。

ただし、ルーチンとはゾーンに入りやすくするためのひとつの手段にすぎません。

ここではそのほかの方法も含め、6つに整理しました。

①ルーチンを決める
②集中しやすい環境を整える
③やる意義を明確にする
④やることを明確にする
⑤タスクの難易度を調整する
⑥似たタスクをまとめる

どれだけ忙しくても定時までに仕事を終わらせる人や、仕事が速いうえにミスもほとんどない人は、ゾーンをうまく活用しているアテンションマスターなのです。

ゾーンに入る方法①ルーチンを決める

まずはルーチンです。

ルーチンとは「この動作をすれば集中する」と脳に覚えこませた事前動作のことを

いいます。よって脳に対する一種のプログラミングでもあります。

Xという入力があったらYという結果が出るように脳に覚えこませるのです。

勝負の行方を決める大事な場面など、脳はストレス下に置かれると頭の中でいろいろな妄想が回ってしまいます。注意という「腕」が余計なものに奪われ、さらにストレスがかかることで、筋肉の硬直などのアスリートにとって致命的な悪影響をもたらします。

そこでルーチンの出番です。ルーチンは自分の動作という「外」に注意を向けることになるので、心配や不安などの「内」にある妄想から注意を解き放ち、頭をクリアな状態にし、余計な体の緊張も排除しやすくなります。

言い換えれば、**「ゴールを決める」といった未確定の結果に注意を向けるのではなく「ルーチン」というすでに決められたプロセスに注意を向けることで、注意が散漫になることを防いでくれる**ということです。

また、ルーチンはいったんそちらに注意を向け、始動させれば、すでに体に教え込ませている動作が自然と出てきます。動作に注意を割く必要がほとんどない分、ラグビーのキックでいえば風の向きや強さ、湿気、自分自身のコンディションなど、そういった細かい情報に対して高感度のセンサーが働き、そういった情報を元に最適な動作を導き出すことができます。

仕事においても同じで、職人作業のように体で覚えたことを安定して出せるかで成果が分かれる職種はもちろん、ホワイトカラーであっても仕事にスムーズに入るための自分なりの儀式を持つことで、どんな状態からでもリカバリーがしやすくなってきます。

仕事の前に決まったコーヒーを飲むといったありがちなものでも、大事なプレゼンテーションのときに勝負ネクタイをしめるといったゲン担ぎでも、立派なルーチンです。

要は何かをすれば仕事で集中できるとプログラミングできればいいわけですから、そのスイッチは何でも構いません。

大事なことは、**いままで無意識で行っていたルーチンを意識的に行うこと**です。もし該当するルーチンがないなら、周囲の仕事ができる先輩などを観察しながら、彼らが行っているルーチンやその使い方を盗んでもいいのです。

ゾーンに入る方法②集中しやすい環境に身をおく

ルーチンはある意味、どんな環境であっても決められた動作を行うことで注意を整え、ゾーンに入りやすくする方法です。

もし、環境自体を変えられるのであれば、自分が集中しやすい環境に身をおいてしまうのも有効です。

環境を構成するいくつかの要素を見ていきましょう。

■時間……おすすめは早朝

みなさんが一番集中しやすい時間帯は何時ごろでしょう?

一流のビジネスパーソンの多くは「早朝」だと答えます。

脳科学的にも早朝に仕事をするメリットは非常に大きいといえます。

一日中フル稼動していた脳は、寝ている間に当日の記憶を整理します。その晩に見た夢を振り返ってみれば、登場人物や交わされた会話、状況設定などは、その日に見た、聞いた、経験したこと、またはそれらに結びつくあなたの過去の記憶で成り立っていることに気づくはずです。

そして記憶が整理されると、目覚めたときはワーキングメモリはまっさらの状態。文字通り思考がクリアなのです。ゾーンに入るにはうってつけの状況です。

メールも入ってきませんし、ＳＮＳも静かです。注意を削がれる要因が少ないので仕事は間違いなくはかどります。

ちなみに私の起床時間は朝の４時前後です。本の執筆や企画の立案など集中して考えることが必要なときは、朝起きるとすぐにノートパソコンを持って近くのマクドナルドに車を走らせます。

お客さんも少ないですし、私の頭もスッキリしているので、この時間帯が一番仕事がはかどることを経験で学んだ結果の習慣です。

もちろんなかには夜型の人もいるでしょう。朝型か夜型かは体温の変化のリズムに影響を受けますし、遺伝子の影響もあるそうなので、無理に朝型に直す必要はありませんが、朝型のメリットを知っておいて損はないはずです。

■場所……ルーチンの起点にもなる大事な環境

環境といえば場所選びも重要です。

最近ではコロナ禍でリモートワークが増え、自宅で仕事をする人も増えています。ただ、自宅はもともと生活の場ですから、仕事でゾーンに入るのは難しく感じるかもしれません。オフィスに比べれば、仕事以外に注意を奪うものは多いですから、ゾーンに入る以前に、仕事に集中すること自体が大変な人も多いでしょう。

家で仕事する場合は、仕事モードに切り替えるために「ルーチン」を有効に活用することがポイントとなります。加えて、**「ここに座れば仕事モード」というような一角を設けて、「場所の力」もうまく使っていきましょう。**

また、リモートワークが増えるに従って、オフィスが縮小され、それに伴って社員の机を決めないフリーアドレスが一気に進んできています。フリーアドレスは社員が職場、チームの垣根を超えて交わり、コミュニケーションの偏在を防ぎ、新たな刺激を受け、より広い協調体制を築くことができる可能性があります。

ただ、座席がコロコロ変わるとゾーンに入ることは難しくなると思います。「自分の机に座る」という行為自体が、人によってはルーチンである場合もあるからです。

また座席が変われば目に入る光景も変わります。

目の前のパソコンという環境は変わらないですし、そこに集中すればゴリラの動画のように周囲の視覚情報は入ってこなくなるものの、「知り合いではないが赤の他人でもない人」と一緒にいる場所だと、周りに注意をとられる恐れがあります。

どんな場所なら集中しやすいのかは人それぞれですし、どんな作業をするかによって適した環境も異なるでしょう。ただ言えることは、ゾーンに入る邪魔となる、注意を奪うものの数は、仕事をする場所によって大きく変わることです。注意という観点からも場所選びを行いましょう。

■情報の遮断……注意を引くものから逃れる

現代は「アテンションの奪い合い」とも言われます。街を歩いていても、パソコンでネットを見ていても、至るところに広告が現れ、刺激的な映像やキャッチコピーで消費者の注意を引こうとしています。

このように情報が溢れる時代だからこそ、情報をいかに遮断するかが重要なのです。

これはあるテレビ番組で知ったのですが、漫画『SLAM DUNK（スラムダンク）』

や『バガボンド』の作者である井上雄彦《いのうえたけひこ》氏は、漫画の命ともいえるネームを書くときはお気に入りのカフェをめぐるそうです。

自宅以外に自分の事務所を持っているにもかかわらずです。

なぜカフェに行くのかというと「家や事務所だと誘惑が多すぎるため」だそうです。たしかに外からの目線が気にならない自室だとネットサーフィンもし放題。趣味のモノが溢れている部屋ならついついそちらに目がいってしまいます。

公共の場であるカフェならそうした誘惑が付け入る隙がありません。井上氏は、**自分の弱さを自覚し、不要な情報を遮断できる環境に身を置いている**のです。

アテンションをがんばってコントロールするのはワーキングメモリのムダ遣い。そして、多くの人は挫折します。

しかし、アテンションをコントロールする必要がない環境を選んでしまえば、ワーキングメモリの負担はなくなり、楽に集中できます。

脱スマホ……アテンションの最大の敵

先ほど紹介したように私は本を執筆するときをはじめ、集中して考えたいときはカフェやファーストフード店に行くのですが、実はそのときスマホは家に置いていきます。スマホは現代ビジネスマンの最大の味方であると同時に、アテンションを消費する最大の敵です。

電話、Line、Messenger、Twitter、メール、Facebook、Instagram、TikTok、YouTube、ゲームと、スマホは誘惑の総合百貨店です。

さらにこれらのプッシュ通知をオンにしていたら原稿に集中することは不可能です。プッシュ通知はメモリーミスやアテンションミスを補完してくれる優れた機能ではありますが、使用は最小限にしましょう。

一時期はスマホをマナーモードにしてカバンの奥にしまうようにしたこともありました。しかし、そこにあることがわかっているとどうしても意識が向いてしまうのです。

「ああ、無性にFacebookのタイムラインをチェックしたい……」と。

もはや中毒患者です。

アテンションを使うので原稿を書くことに集中できないのです。

だったらいっそのこと、原稿を書くときはスマホを持たずに行くと決めたのです。

「スマホがないと不便ではありませんか？」と聞かれることもあります。はじめのころは大事なメールや電話が来ていたらどうしようとソワソワしてしまうこともありました。

しかし、冷静に考えれば一刻一秒を争う仕事をしている人は別として、ほとんどの場合、リアルタイムに返信する必要はないのです。

■静か……静寂よりも適度な雑音

環境につきものなのが音です。静かな方がゾーンに入りやすいのでしょうか？

実はそうではありません。

これは育った環境や慣れが介在してくるので一概には言えませんが、あまりに静かな場所だと逆に小さな音でも目立って注意がそがれることがあります。

また静かすぎると心の中の思いに気づきやすくなり、注意をとられることもあります。坐禅などを行う環境は基本的に静かですが、だからこそ内面に気づきやすいのです。

一般的にゾーンに入りやすい環境と言われているのが街のカフェです。

カフェ独特の「ざわざわ」した環境音が注意を整えるのにはちょうどいいのです。「適度なざわざわ」だと、それらの音はひと塊になり背景と化します。耳では聞こえているけど、脳では聞こえていない状態になるわけです。

ネットで「環境音楽」と検索すれば、まさにこうしたカフェのざわざわ音や雨が降っているときの音（これも集中できます！）、街中の雑踏などが音源として用意されているくらいです。

あなたの職場でも適度な「ざわざわ感」があれば理想ですが、あまりに静かすぎるならこの環境音楽などのＢＧＭをかけてざわざわ感を演出することも効果的です。

■音楽……積極的に活用する

環境音楽ではなく、普通の音楽でも、うまく使えば集中力アップに役立ちます。

ファミレスやカフェによっては、歌詞が入っている音楽をＢＧＭとして流しています。最初は気を取られるかもしれませんが、何曲かがリピートでかかっている場合、慣れてくるとまさしく背景音楽となって自然とゾーンに入るのを助けてくれます。

音や声というのは使い方次第で敵にも味方にもなります。だからこそ意識的にマネジメントをする意識が必要なのです。

たとえば、よくスポーツ選手が試合直前まで音楽を聴いている姿を見かけますよね。聞きなれたお気に入りの音楽を聴くことで彼らは普段通りの集中状態を維持し、ゾーンに入りやすくしているのです。

ゾーンに入りやすい音楽の選び方のポイントは、先ほど解説したように少ない曲をリピートさせることです。できれば1曲がいいでしょう。

好きな曲で構いませんが、とにかく**脳がそれを「新たな刺激」として処理しなくなるまで同じ曲を繰り返し聴くこと**です。

なお、これはアテンションの話とはズレますが、曲調を変えることで自分の気分をコントロールすることができます。たとえば企画をじっくり考えたり、思考を深めたいときはスローテンポな曲、逆に執筆作業で手が止まりがちのときにはアップテンポのドライブ感のある曲を意識的に選ぶといったように。

音楽は手軽に変えられる環境なので、もし、いままであまり意識してこなかった人はぜひ積極的に活用してみてください。

ゾーンに入る方法③やる意義を明確にする

さて、ルーチンや環境という側面からゾーンへの入り方を探ってきましたが、ここで忘れてはならないのがゾーンに入る対象そのものです。

というのも、役に立つのかわからないような仕事に全力で没頭できるわけがありません。

人間は楽をしたがる動物ですから、さぼりたい欲求を上回る「納得感」なり「必要性」なりを感じないと本気モードにはなかなかならないのです。

もし、いま目の前にある仕事に対して、「全力でやってやろう」というモチベーションが湧かないのであれば、いったんルーチンのことなどは置いておいて、まずその仕事の意義を考えることが先決です。

たとえば社内の定例会議で議事録を残すように指示されたとします。

議事録に残すためには発言者の言葉にじっくり耳を傾け、忙しくペンを動かさないといけません。はっきり言って面倒です。

しかし、このような受け身の態度ではいい仕事はできません。

そこで大事なことは仕事に対して「問い」を持つことです。ゴリラの動画の冒頭で出された質問のように、**問いは人の注意を一点に集中させることができます。**

よって、ここでは「この仕事にはどんな意味があるのか」を自分に問いましょう。

すると議事録を残す作業を経験することで、個人や部署ごとに抱えている思惑や社内の力関係がより明確になることに気づくかもしれません。

または議事録作成を通して、要点を抽出する作業のトレーニングになることに気づくかもしれません。

すると面倒であっても、自分にとって価値のある作業だと思えるようになります。

このように、ある事柄をより大きな事柄の一部として見ることを**「チャンクアップ」**と言います。チャンクとは塊《かたまり》の意味です。

ゾーンに入る方法④やることを具体的に明確にする

仕事の意義を理解し、やりたいという気持ちも起きてきた。しかし、そこから次のアクションが起こせない、という場合もあります。

とくに以下のような仕事に取り掛かるときが多いのではないでしょうか。

●何から手をつけていいかよくわからないくらい壮大な仕事
●とにかく手間がかかる面倒な仕事
●締め切りが曖昧な仕事

共通するのは「いま自分が何をすべきか」が明確になっていないことです。いくらやる気があっても具体的な行動がイメージできないと行動できません。

このときやるべきことは仕事を細かく分解することです。

先ほどの「チャンクアップ」の真逆で、「チャンクダウン」といって**塊《かたまり》をどんどん**

小さくして、具体的にしていくのです。

たとえば本のタイトルを決めないといけないとします。

期限はまだ先ですが、早いにこしたことはないのもわかっています。タイトルの考え方や決め方については自由にやっていいと言われています。

さて、このような仕事でゾーンに入ることができるでしょうか?

クリエイティブな作業が好きな人であれば、ヒントをもらうために図書館へ向かったり、とりあえずA3の紙を用意して本を象徴するキーワードを書き出したりと、何かしらのアクションを起こせると思います。

しかし、多くの人は「自由にやっていい」と言われると戸惑ってしまいます。何から手をつけていいかもわからないので、しばしの熟考ののち、「とりあえずコーヒーでも飲もう」と席を立ってしまいます。

こういうときこそチャンクダウンです。

タイトルを決めるということは、まずさまざまな案を考えることが最初に来て、その案のなかから絞り込む作業が後に来るということくらいはわかるはずです。

この時点で仕事が2つに分解されました。

また、案を考えるにしても、方向性を3つ考える。

そして、それぞれの方向性で10案ずつアイデアを出すといったように、プロセスを分けることができるはずです。

さらに、それぞれにかける時間を割り振っておけば、少なくとも「今日、会社を出るまでに自分がすべきこと」は明確になるでしょう。

マラソンにたとえれば、42・195キロを完走することが最終ゴールであったとしても、まずは目の前の5キロに意識を向けることです。


一度に抱え込むことができるチャンク（塊）の大きさは、その人の経験量や性格などによって変わります。

極端に細かくしないと前に進めないのであれば、そうすればいいのです。

ただし、チャンクダウンを上司に指示されなくても自分で行えるかどうかが重要で、それができないうちは「言われないと動けない受動的な社員」というレッテルを貼られてしまいます。

仕事の速い人や自主的に動ける社員は、似た作業を何度も経験するなかで自分なりのチャンクダウンの流儀がわかってきます。

新人から見ればとてつもなく面倒な仕事であっても、こうした社員は飄々《ひょうひょう》と成し遂げてしまうのです。

仕事の速い人はとくに難しいことをしているわけではありません。

彼らは常に自分がいま何をすべきなのかを明確に把握しているために、迷いなくゾーンに入ることができ、結果的に人より速く仕事を完遂しているだけなのです。

ゾーンに入る方法⑤仕事の難易度を調整する

あまりに簡単なゲームは刺激が少なすぎてハマる人はいません。逆に極端に難しすぎてもやる気が失せてしまいます。

これは仕事でも同じです。

仕事の適度な難易度が面白さを左右し、ひいてはゾーンに入れるかどうかを左右します。仕事は上司から与えられるものだから難易度は変えられないと思い込んでいる人が大勢いますが、それは違います。

たとえばデータ入力の仕事を与えられたとします。「こんなの簡単でつまらないよ」というレベルの仕事です。そのままのテンションで作業を始めてもゾーンに入れないことが目に見えています。

そのようなときは自らに負荷をかければいいのです。たとえば「普段なら30分かかるけど、今回は15分で終わらせてやる」といったようにあえて難易度を上げるのです。

達成できるかどうかギリギリのラインに設定するのがミソです。

逆に極端に難しい仕事を与えられたら、少しハードルを下げてみるのです。

たとえば上司から分厚い専門書を渡されて「明日までに勉強しろ」と無茶ぶりをされたとします。パラパラとめくってみても知らない用語だらけで、すべてを理解することはまず不可能だとします。

そこで「無理です」と上司に本を突き返すことも選択肢のひとつでしょうが、せっかくなら成果を出したいところです。

私なら、そんなときはとりあえず目次と各見出しだけは見ることで、細かいところは読まずに大枠だけとらえます。

また、自分にとって少しでもなじみがある、興味の持てるところから読み始めます。

それだけで難易度は現実的なレベルに落ち着きますし、「これくらいならできそうかな」と思うことができればゾーンに入ることも難しいことではなくなります。

このように、与えられた仕事であっても難易度の調整はできます。

あとは自分がゾーンに入りやすい「適度な難易度」とはどれくらいのものなのかを知っておくだけです。

ゾーンに入る方法⑥似たタスクをまとめる

いままで紹介したゾーンの入り方は基本的にシングルタスクを前提にしたものですが、実際の職場ではただひとつのことをしていればいいという人は少ないでしょう。

ただ、タスクの切り替えが効率を下げることはすでに指摘したとおり。よって、いかにタスクの切り替えを早く行い、なおかつゾーンの状態を長く維持できるかが極めて重要になります。

ゾーンに入った状態を維持しながらマルチタスクを行うコツは、似たタスクをまとめることです。

私の知り合いで外資系消費財メーカーに勤める日本人女性がいます。パリの名門大学でMBAを取得し、数カ国語を使いこなす才女です。その彼女、ほかの社員が3人がかりでこなすくらいの仕事量を定時までに終わらせて帰るそうです。

その秘訣は**「似たような仕事をまとめてやること」**。

彼女の抱える業務範囲は多岐に渡りますが、なかでも集中力と時間を要する仕事は、担当する十数カ国の生産計画を毎週立てること。当初は隙間時間にバラバラやっていたそうですが、仕事の切り替えでムダが発生していることに気づき、最終的には「この曜日のこの時間帯にまとめてやる」と決め打ちするスタイルに落ち着いたそうです。

仕事のテーマが同じなので、A国が終わったらそのままのペースでB国に入っていくことができます。意図的に「ひと段落した感覚」にならないようにしているのです。

ほかにも、出張の清算をするときなどは、ほかに溜まっている書類と一緒に「事務作業」とひと塊にしてしまうそうです。

彼女のこうした仕事のスタイルはもちろん参考になるのですが、それよりも重要なのは彼女が自分の弱みを分析して、試行錯誤しながら仕事の効率化を図ったという事実です。

注意力やワーキングメモリ、時間、そして体力。人に与えられた資源には限りがあります。そうした資源をいかに有効に使うのかを常に考え、改善を重ねていくことがアテンションマスターへの道となります。

3章

Communication Errors

コミュニケーションミス

コミュニケーションは「基本的にズレている」

- ☑ 理解したつもりが勘違い
- ☑ 説明したつもりが説明不足
- ☑ 言葉の定義がズレていた
- ☑ 相手が気分を害してしまった
- ☑ こちらの思いが伝わらない
- ☑ 会話の歯車が合わない
- ☑ ついつい自己顕示欲が出てしまう

> 本章を読めば、これらの原因と対策がわかります

コミュニケーションミスが起きる原因

伝えても伝わっていない・ちゃんと聞いても聞いていない

大半の仕事は一人で完結するものではありません。人とかかわるサービス業が増えていますし、そうでなくてもチームの垣根は平気で国境をまたぐような時代です。ビジネスシーンではコミュニケーションの重要性がますます高まっています。

それと比例してコミュニケーションミスも増えています。

コミュニケーション頻度は高まる一方で、対面でのリアルタイムのやり取りは減って、メールやSNSでの文章ベースのやり取りが増えているのも、コミュニケーションミスの増加に拍車をかけているのでしょう。

そしてこのコミュニケーションミスは、「きちんと伝える」「きちんと聞く」といった心構えのレベルで改善できるものではありません。

きちんと伝えてもその通りには伝わらないし、きちんと聞いても正確には聞けない。「そんなバカな……」と思う人もいるでしょうが、これが脳科学や認知科学がここ数十年の間で明らかにしてきた大きな発見です。

まずは、これを受けいれることがコミュニケーションミスをなくすスタートラインです。

コミュニケーションはキャッチボールではない

「コミュニケーションはキャッチボールである」

コミュニケーション研修などでよく言われますが、ボールをぶつけあう「ドッチボール」ではなく、「キャッチボール」であるということです。

このたとえから、「相手の受け取りやすいボールを投げましょう」「相手がきちんと受け取ったか確認しましょう」といったアドバイスが行われたりします。

このキャッチボールのたとえはわかりやすく、有効ではあるのですが、一方でコミュニケーションについて誤解を生み、結果的にコミュニケーションミスを誘発する原因にもなっています。

実は、コミュニケーションミスをなくし、コミュニケーションマスターになるには、「コミュニケーションはキャッチボールでない」と考えたほうがいいのです。

ではコミュニケーションはキャッチボールではないとしたら何なのか？

左ページを見てみてください。

この図はＮＬＰ（神経言語プログラミング）という心理手法の「メタモデル」という言語モデルをベースに私が開発し、「メタ・コミュニケーションモデル」と呼んでいるものです。

メタモデルというのは、人間が自分の言いたいことを言葉に表す際に、「省略」や「一般化」といった脳内処理が行われることを明らかにしたものです。

イラストの左側の話し手に注目してください。

メタ・コミュニケーションモデル

話し手が自分の記憶にある経験を他人に話すとき、その記憶のすべてを言葉にするわけではありません。すべてを言葉にしていては会話が成立しないからです。ですから、そのとき話し手は必ず情報を「省略」します。

たとえば話し手が「昨日、渋谷でお酒を飲んだ」と言ったとしましょう。「昨日」といってもそれが朝なのか昼なのか夜なのかわかりません。また渋谷といっても渋谷のどこなのか、誰かといっしょだったのか、そもそもお店だったのか自宅だったのかも省略されています。

ただ、普段は「何が省略されている」ということをわざわざ意識しなくてもコミュニケーションは成立します。もちろん、気になるところは質問するでしょうが、「ここが省略されているな」ということを認識していないのが普通です。

ではなぜ聞き手は情報が省略されていても「聞く」ことができるのか。

それがイラストの右側です。話し手の言葉に、聞き手の持っている記憶が反応して、省略された部分を自動的に補完しているのです。

「昨日、渋谷でお酒を飲んだ」という文章を読むと、ご自身の記憶にある渋谷のイメージや、以前に行ったことがあるバーのイメージが湧いて、実際には断片的な情報しか伝わっていないのに、「へえ、そうなんだ」と妙に理解した気になるでしょう。

ただ、話し手のなかにある「昨日、渋谷でお酒を飲んだ風景」と、聞き手やあなたが想像した「昨日、渋谷でお酒を飲んだ風景」は、もちろん異なります。蓄積してきた「記憶」が違うわけですから連想ゲームのように結果が違って当然です。

一見すると当たり前のことです。では、こうした話し手と聞き手の思い浮かべるイメージのギャップを普段のコミュニケーションで自覚していますか？

おそらくほとんどの人はしていないと思います。表でやり取りしている言葉（ボール）に気を取られ、自分や相手の記憶のなかで起きていることに気づいていないのです。

そしてこれこそコミュニケーションミスの最大の原因なのです。

勝手に思い出している記憶＝潜在記憶

普段のコミュニケーションでは、聞き手は自分の記憶を頼りに相手の言葉の省略されている部分などを補完し、解釈を加えて理解（したつもり）になります。

これは人の話を聞く場合だけに限らず、あなたがこの文章を読んでいるこの瞬間にも起きています。自分の記憶を総動員しつつ、文章には書かれていないことまで脳内で補完しながら読み進んでいるはずです。

しかし、実際に本を読んでいるときに「今、あの記憶を思い出して使っているな」といった実感はないはずです。

このように、思い出していること自体が意識にのぼらない記憶のことを認知科学では「潜在記憶」と呼び、意図的に思い出そうとする記憶のことを「顕在記憶」と呼びます。

「思い出しているけど意識にのぼらない」というこの潜在記憶こそ、コミュニケーションミス、さらには次章で取り扱うジャッジメントミスを引き起こす犯人です。

潜在記憶がもたらす「プライミング効果」とは？

潜在記憶の存在については次のような実験でその存在が明らかになっています。

①単語が並んだリストを読んでもらう
②それらとは別の単語をひとつずつ示して、それが意味のある単語なのか、無意味な文字列なのかをできるだけ速く答えてもらう

この実験で、①で示した単語リストとは無関係の単語で②の実験を行うよりも、①の単語リストに入っていた単語にまつわるもので②の実験を行ったほうが、判断のスピードが上がることがわかりました（たとえば①のリストで「りんご」と読んだあとに、②で「赤」といった単語を示されると反応が速い）。

しかし、答えた被験者としては「りんご」という記憶が「赤」という単語への反応

を高めたという意識はありません。「りんご」という言葉を覚えた意識すらないでしょう。

潜在記憶がもたらすこうした脳の反応を**「プライミング効果」**と呼びます。潜在記憶はつかみどころがないですが、確実に脳の情報処理過程に多大な影響を及ぼしています。

■ある言葉が活性化すると関連する言葉も活性化していく

プライミング効果はさまざまな場面で実感することができます。

たとえば「グルメ番組を見たあとは食事に関する情報がやたらと目につく」「以前、激しく怒られた先輩を見かけた直後、周りの人の話にビクッと反応する」など。

これらもプライミング効果の一種です。プライミング効果の正体は結びついている記憶の活性化です。グルメ番組を見たあとは脳内ではグルメにまつわる記憶が叩き起こされ、いつでも動けるスタンバイ状態なので、周辺情報に対する感度が高まっているのです。

潜在記憶とは「思い出しているけれど思い出していない記憶」であると少々まどろ

「やたら目につく」あの現象は……

っこしい表現をしましたが、脳の動き的には「勝手に活性化された記憶」とも言えます。

よって判断が速くなるのは頭の回転が速くなったというより、該当する記憶領域が活性化することが原因です。

活性化は関連する記憶に広がっていく性質を持っています。

ここまで書けば、記憶がどのように行われているか想像がつくかもしれません。記憶は関連する情報同士がネットワークのようにつながってできているのです。

記憶は箱のなかではなく、ネットワーク上にある

コンピューターのハードディスクには、あらかじめ保存領域に番地が振られていて、ひとつの番地にそれぞれ16進数のデータが保存されています。

実はかつてはこのモデルのように、情報は人の脳細胞ごとに保存されていて、たとえば「この細胞がおばあちゃんのことを覚えている」というように、まるで記憶の箱が無数にあるかのように考えられていました。

しかし、その後の研究により**人の記憶は箱型でも番地型でもない、ニューロン（神経細胞）が結びついたネットワークで成り立っていることがわかりました**。

ニューロンはそれぞれにシナプスと呼ばれる結合部を持っています。シナプスはニューロン同士の情報の受け渡しを担っています。ニューロン同士が繋がるときはニューロンから発せられた電流がシナプスを刺激し、隣接するニューロンに情報を伝達する（隣のニューロンを発火させる）形でつながっていきます。

たとえば自分のおばあちゃんの顔写真を見ると、脳内ではおばあちゃんの情報が保存されている「エリア」のニューロンの電流が一斉に強くなり、ニューロン同士が結びついて、おばあちゃんに関するさまざまな情報が活性化されるのです。

話題のディープラーニングと呼ばれる人工知能の基本形になっているニューラルネットワークはまさにこの脳細胞同士のつながりを模したものです。

コミュニケーションのズレは必ず起こっている

この脳の仕組みから、先ほどのメタ・コミュニケーションモデルを見てみましょう。相手の言葉を聞いたとき、聞き手のなかではその言葉に関連する潜在記憶が活性化します。あくまでも「潜在」なので意識して思い出したものではありません。

ここに話し手と聞き手のズレが生じます。

このズレは多かれ少なかれ常に起こっていると言えます。しかしズレている事実を大半の人は気づかないため、つまり、あきらかに会話がちぐはぐになってズレが顕在化してくるまで、それがミスとして問題にならないだけなのです。

このズレをゼロにすることは不可能で、相手が伝えたいことをすべて受け取ることはできませんし、自分の思いをすべて言葉で表現することもできません。

人の頭のなかはすべて言語化することはできないからです。

同じ記憶を共有していればうまくいく

潜在記憶やプライミング効果は人間にとって不可欠なものです。

普段行っているコミュニケーションの大半は、潜在記憶やプライミング効果で脳が正しく穴を埋めてくれるおかげでうまくいっている側面もあるからです。

たとえば「これ、よろしく！」と上司から渡された資料。

その資料をどうすればいいのか明確な指示がごっそり抜け落ちていますが、その上司の下で働いている部下であれば過去の記憶から、「あ、またデータ入力か」と想像することができます。

よって**自分と相手が同じ情報（考え方や知識）を共有している場合は、脳の穴埋めはうまく作用します**。すべてを言わなくても意思疎通ができ、指示をされなくても融通を利かせられること。こうした柔軟性こそ人間の脳の凄みとも言えます。

島国で農耕民族であった日本では共有する情報量が多く、「あうんの呼吸」といった言葉に代表されるように、言葉に出さなくてもある程度の意思疎通を図ることができる民族的特徴を持っています。これを「ハイコンテクスト文化」と言います。自分と相手の記憶に共通部分が多いという意味です。

しかし、時代の変化が激しく、インターネットをはじめさまざまなメディアで多くの情報が溢れている現代においては、人々の価値観や育った環境も多様化し、共有している記憶のストック量は減る一方です。

でも多くの人はいまだにハイコンテクスト文化の習慣を引きずっています。そこにコミュニケーションミスが増える原因があるのです。

■対外国人より対日本人に要注意

外国人を相手にする場合、事前の知識として「日本人と同じ感覚で接したら、どこかでコミュニケーションミスが起きるだろう」と想像できるので、誤解がないように言葉を選んだり、相手の表情の変化などをじっくり観察して、自分の言葉を相手がどう受け止めたのか、相手が何を考えているのか、いつも以上に理解しようとするでしょう。

ただ相手が日本人であれば、どこかで「自分と似た考え方をするだろう」と思い込んでしまう傾向が強く、コミュニケーションミスが発生しやすいのです。

「苦手な相手」を作り出すのは記憶の仕業

コミュニケーションミス以前の問題で、職場や取引先で顔すら見たくないような相手がいるかもしれません。人間ですから好き嫌いなどの感情は当然出てきます。

しかし、実は好き嫌いの感情も記憶が引き起こしているのです。

「あの課長だけは生理的に無理だ」というとき、不快さの原因をその課長のせいのようにとらえがちです。しかし、実際に「嫌い」というリアクションを引き起こしているのは自分の脳であり、自分の記憶なのです。

自分で反応を引き起こしている限り、その反応は変えられます。

たとえば小さいころから甘やかされて育った人からすれば、口うるさい上司は「敵だ」と思うかもしれません。自分の過去との結びつきから生まれた反応です。

しかし、その後、その上司の指導のおかげで最年少の管理職になったとしましょう。するとたんに上司は「味方だ」と思うようになったりします。

その上司が「好き嫌い」の感情のトリガーになっていることはたしかです。嫌いな人がいたらなるべく避けたいと思う気持ちもわかります（不快を避けようとする本能的な反応です）。しかし、その反応を生み出しているのは普段あまり意識を向けない自分の記憶であるということをまず理解しましょう。

人はいろいろな環境で育ってきています。自分にとっては正義だと思うことが相手にとっては何の価値もないことが当たり前のように起きます。

「自分の記憶と他人の記憶は違う」

これがコミュニケーションミスの原因であり、多くの人が忘れている事実なのです。

コミュニケーションミスの基本対策

勘違いしようのないレベルまで具体化する

話し手が伝えようとしていることと聞き手が受け取ったこととのズレを減らす基本対策は、情報をできるだけ詳細に言葉にすることです。

「ここまで伝えれば相手が脳内補完する必要がない！」というのはムリにしても、できるだけ話を具体的にしていくのです。

たとえば上司から「早めに頼む」と言われたとき、あなたの思う「早め」と上司の思う「早め」が同じであるとは限りません。

1時間以内なのか、今日中なのか、はたまた1週間以内なのか。

そういうときは、「いつまでですか？」と相手の基準を聞くか、または「明日の正午まででも大丈夫ですか？」と自分の基準を相手に確認するかのどちらかが必要です。

逆に自分が期限を決める立場のときも、「なるべく早くお願いします」といった漠然とした指示は極力避けましょう。

お願いごとをするときなど、ただでさえ力を貸してほしいときに自分から期限を切ってしまうと印象が悪いのではと心配してしまう気持ちはわかります。

しかしお互い忙しいスケジュールのなかで仕事をこなしているわけですから、せめてお願いする側は希望をはっきりと明示するのがマナーです。そこで折り合いがつかないなら調整をすればいいだけの話です。

こうやって日ごろの「日本人的な」コミュニケーションを振り返ってみると、それがいかにコミュニケーションミスを助長するものかに気づくでしょう。

曖昧な意思表示などはその典型です。

「悪くはないと思うんですけど（ゴニョゴニョ……）」

「一度持ち帰らせていただきますね（ゴニョゴニョ……）」

なかなかイエスかノーかを言いません。

ダイレクトな表現を避けることは一種の日本人の美徳でした。そのことをお互い理解していれば（相手の言葉の裏を読むことで）理解しあえたのかもしれません。ただ、とくに現代のビジネスシーンでは、そのような古風なコミュニケーションは弊害が多すぎます。

「意識の矢印」を相手の記憶に向ける

コミュニケーションミスは「相手の話をわかったつもりになった」ときに頻発します。

それを防ぐひとつの方法は**「意識の矢印」を相手に向けること**です。「意識の矢印」とは、あなたの意識の向き、注意の向きのことです。

相手の話を聞いているときに、この「意識の矢印」が相手の記憶に向いているのか、または自分の記憶に向いているのかを自覚し、コントロールすることが重要なのです。

わかりやすいようにメタ・コミュニケーションモデルの図を使って説明しましょう。

145ページの図では聞き手の「意識の矢印」は自分の記憶に向いている状態でした。

つまり「渋谷で飲んだ」話を聞いて、聞き手が脳内で勝手にカウンターバーの映像を思い浮かべている状態のことです。意識は自分にしか向いていないのに相手の話をわかったつもりになっています。

こういうときにコミュニケーションミスはよく起きます。

逆に「意識の矢印」を相手の記憶に向けるということは、**相手が発した言葉の奥にあるその人の記憶に意識を向ける**ということです。それを示したのが163ページです。

相手の記憶に「意識の矢印」を向けることができれば、当然ながら知らないわけですから不明点が出てきます。不明点が出るということは自然と質問も出るということ。

そうやって相手の記憶を深く聞いていくとズレはどんどん小さくなり、コミュニケーションミスが起きる危険性は少なくなっていきます。

もちろんその間もあなたの潜在記憶は常に刺激されています。これを止めることはできませんし、もし止まってしまったら日本語を理解することすらできなくなります。

ただ、意識の矢印は放っておいたら、活性化された自分の記憶に向きます。よって大事なのは、その潜在記憶の働きを自覚しつつ、自分の記憶に巻き込まれないで「意識の矢印」を相手に向け続けることです。

深く相手の記憶に切り込みたいならシンプルな質問を心がける

相手の記憶の深いところまで切り込むには、質問の仕方にも工夫が必要です。

とくに質問の力が発揮されるのは、本人が普段考えないような（気づいていないような）事柄や思考の整理がついていないようなことを尋ねるときです。

たとえば悩みを抱えている人は当然ながら、悩みのすべてを言葉に出すわけではありませんから、表面的な言葉をただすくうだけでは相手を理解することはできません。

質問のプロと言えばインタビュアーやカウンセラー、セールスマンなどが思い浮かびます。彼らに共通するのは、その道で優秀な人ほどシンプルな質問を心がけていることです。たとえばこのような感じです。

意識の矢印を相手の記憶に向ける

記者「最近の新人についてどう思いますか？」
社長「うーん。頼りないですねぇ」
記者「ほう。頼りないというのは？」
社長「つい先日もあったんですが、（以下、説明）」
記者「それを見てどう思われたんですか？」
社長「なんだか自分本位というか、世間知らずというか」
記者「自分本位？」
社長「そうです……。あ～、でも自分も新人のころはそうだったかも……」

短くてシンプルな質問ばかりですが、質問される側は答えを考えているうちに思考の整理がついたようです。

逆に複雑な質問とはたとえば「最近の新人って、はっきりものを言わない人が多いと思うのですが、このあたりどうお考えですか？」といった質問。

前置きが長いうえに、その前置きの正体は「自分の記憶」です。意識の矢印が完全に自分に向いていて、相手の記憶に関心を持っていません。こういう質問をいくらしても相手の記憶の深層部には到達できません。

質問という行為は他人への働きかけですから、なんとなく意識の矢印も相手に向いているると勘違いしやすいですが、実は自分に向いている場合もよくあるのです。

そしてこうした前置きの長い質問をする人の主だった動機は、実は予想外の回答を避けたいためでもあります。

もし答えが「はい」か「いいえ」しかないなら会話の流れは予測できますが、回答の自由度が高いシンプルな質問では、相手からどんな回答が出てくるかわかりません。

人はついつい自分が制御できない事態を避けようとしてしまいます。こうした一種の防衛本能も、コミュニケーションミスの一因でもあるのです。

「コミュニケーションミス」は「アテンションミス」

「意識の矢印」がコントロールできるようになると、コミュニケーションミスが減るだけではなく、コミュニケーション全般が潤滑になります。

とくにコミュニケーションが苦手な人は意識の矢印が極端に内向きになっています。いつのまにか相手を怒らせることが多い人や、そんなつもりはないのに「わがまま」だと指摘される人、営業トークでなかなか雑談の話題が思い浮かばない人などのことです。

こういう人は「相手の言葉の奥にある記憶は何だろう」という意識を少し持つだけで、コミュニケーションは劇的に改善します。

コミュニケーションの上手い下手は、何も面白い話ができたり、芸人のようなツッコミを入れられたり、人前で淀みなくプレゼンができたりすることで決まるわけではありません。いかに相手の記憶に意識の矢印を向けられるか、そして潜在記憶のズレを減らせるかが重要なのです。

相手に意識の矢印を向けることで相手の気持ちがこれまでよりもよくわかるようになるでしょう。「課長のいまの発言は腹が立つけど、それだけ俺に期待しているということかな」といった気づきがたくさん生まれるはずです。

「意識の矢印」が自分の記憶だけに向いていて、相手の記憶に向いていない状態は、前章で取り上げたアテンションミスの状態でもあります。アテンションミスを防ぐには注意の方向を自覚すること、そして広く見渡す俯瞰が大事だと述べました。

それとまったく同じで、コミュニケーションにおいても意識の矢印を自覚し、偏らないようにすることが何より肝心なのです。

知識・経験がある人ほど要注意！

職場におけるコミュニケーションミスはそれなりに知識や経験が増えてくると起こりやすくなります。

というのも、相手の言葉を聞くことによって活性化される記憶が、知識や経験がある人ほど多くなり、「意識の矢印」が自分に向きやすくなるからです。

逆にストックの少ない新人はキーワードが自分の記憶に結びつきにくいので、省略された部分を補完することができません（だから上司は丁寧に説明しないといけないのです）。

たとえばあなたが後輩から仕事の相談を受けたとします。あなたの頭のなかにはその相談に関連する知識や経験が豊富にあります。すると関連する記憶が次々と活性化され、「ああ、あのことね」「後輩の悩み所はここだろう」といったように「わかったつもり」になるのです。

もちろんそれらの記憶はあなたにとっての知見であり、会社の財産です。ただ、記憶の結びつきが過剰に起きすぎて、後輩が悩んでいる次元よりはるかに高度な次元の話をしたり、後輩の置かれている状況とは異なるのにさも真実であるかのように語ったりと、さまざまなズレが生じます。

とくに多くの管理職は、部下から相談を受けたら的確なアドバイスをすぐに出さなければ……と信じ込んでいますから、自分の記憶のなかで自己完結しようとしてしまいます。

意識の矢印が一切外を向かないこの「自己完結」が厄介なのです。

ビジネス環境の変化が乏しい時代であれば、上司と部下の記憶のズレは少なかったかもしれません。そのときは上司の助言が自己完結型であってもとくに問題はなかったのです。しかし、現代はそうではありません。ビジネス環境は刻々と変化していて、

10年前に成功した事例を上司がしても部下にとって有益かどうかはわかりません。

相手の発する言葉を聞いて、活性化する自分の記憶に気づきつつも、そこに巻き込まれることなく、相手がなぜそういった言葉を発しているのか、そして言葉の奥に潜む真意は何なのか、**確実に、そして丁寧に意識の矢印を相手に向けていくことがコミュニケーションミスを減らすために欠かせない**のです。

こうした思い込みによるコミュニケーションミスは、とくに中途半端に経験を積んだ人が起こしやすい傾向があります。本当にすぐれたベテラン社員になると自分の思い込みでコミュニケーションミスが発生しやすいことを経験的に学んでいるので、確信を持てない場合は積極的に確認できます。

ただ、そうした「痛い目」にまだあっていない中堅社員は思い込みの怖さを知りません。運転に慣れ始めたドライバーが事故を起こしやすいのと同じで、ちょっと経験を積んで「よしできるぞ！」という段階でミスが起こりやすいのです。

すぐれた経営者・セールスは「意識の矢印」を相手に向けている

すぐれた経営者は「意識の矢印」を相手の記憶に向けることが得意です。理屈で知っているというより、経験的に学習した結果だと思います。

たとえば「経営の神様」と呼ばれた松下幸之助氏は、積極的に現場を訪れて、相手が若い社員であってもたくさんの質問をしたと言います。部下にとっては雲の上の存在である社長から質問されて悪い気がする人はいないでしょう。社長としても現場の声を吸い上げることができ、社員たちの承認欲求も満たされるウィンウィンの関係であったわけです。

また、優秀なセールスはもれなく意識の矢印をお客様に向けています。

普通、お客様の悩みや全社的な課題、購入をためらっている原因などは、なかなか商談の場で言葉として出てきません。そういうときにお客様の記憶に意識を向けて、さりげない問いかけを通じて情報を引き出し、お客様が気になっている点を明確にしてから、その点について説明する。そのときも相手の反応を見ながら説明するので、より納得度の高い話ができます。

だから売れるのです。

もちろん毎回お客様の発する言葉に質問で切り返していたらただの「面倒なヤツ」ですから、過去の経験から「いまこういうリアクションをしたから、おそらくこうなんだろう」といった知識や経験も活用します。

ただ、**それが当たっている場合もあれば外れる場合もあるということを意識できるかです**。仮に勘に頼って会話を進めたとしても、本当にそれが当たっているのかを相手に意識の矢印を向けながらチェックし、軌道修正をしているのです。

売れないセールスは「断られたらどうしよう」といった不安や、商品説明のことで頭が一杯で、意識の矢印がそこに向かってしまい、お客様に向けるどころではありません。お客様の言葉に反応する自分の潜在記憶に巻き込まれ、一方的なセールストークを展開してしまうのです。

「意識の矢印」を相手に向ける究極のコツとは？

「意識の矢印」をコントロールするには慣れが必要です。「意識の矢印」を意識するあまり、自分に「意識の矢印」が向いていた、ということもよくある話です。最初は思い通りにいかないかもしれませんが、辛抱強く続けましょう。これはビジネススキルというより、今後の人生でずっと使えることなので、気長に挑戦してください。

ただ、結果はすぐに表れます。相手の言葉に対するあなたのリアクションの仕方がガラッと変わるはずです。相手の立場に立った発言ができるようになったり、いままですぐに感情的な反応ばかりしていた人であれば、「丸くなったね」と言われるかもしれません。結果的にコミュニケーションミスも減っていくことでしょう。

ここで簡単に「意識の矢印」を相手に向けるコツをお伝えしましょう。

それは**「相手のことを知らない」と思うことです**。これは「無知の姿勢（Not Knowing)」と呼ばれるものです。

苦手な相手にも意識の矢印を向けてみると……

たとえば上司のことを知らないと思えば、自然と相手に意識の矢印が向き、好奇心が湧いてきます。

「なんで上司はいつもイライラしているんだろう？」

「どんな環境で育ったんだろう？」

「上司は俺のことをどのように見ているんだろう？」

実際、いくら身近な人であっても、所詮は他人ですから知らないことだらけです。ですからこうやって無知の姿勢になれば、「上司のことをわかったつもりでいたけど、実は全然知らない」という事実に気づくことができます。

復唱によって理解度を確認してみる

さてここからは、もう少し具体的に、明日からできるコミュニケーションミスの防止策をお伝えしていきましょう。

仕事でのコミュニケーションミスといって真っ先に思い浮かぶのは、情報の伝達ミスではないでしょうか。つまり相手に伝えたと思ったのに実は相手が正しく理解していなかったケースです。

簡単な仕事の指示やアポの日取りといった情報なら、情報をできるだけ省略せず、かつ相手が間違えそうな箇所を強調するなどして説明すれば、おおかた伝わります。

しかし複雑な仕事の手順など、相手の理解力が問われる情報はいくら丁寧に説明しても完全に伝わるかどうかわかりません。

そこで効果的なのが相手に復唱してもらうことです。

ベストセラー『ビリギャル』（正式には『学年ビリのギャルが1年で偏差値を40上

げて慶應大学に現役合格した話』）の著者で、学習塾の先生である坪田信貴《つぼたのぶたか》氏は、その著書のなかで生徒に教えたことを復唱させることの重要性を説いています。

復唱するためには教わったことを完全に理解していないとできません。曖昧な理解のままだと論理展開が組めないので、説明もアヤフヤになります。何度も指摘しているように、人は脳の補完機能があるため、すぐにわかったつもりになります。復唱によって自分がどこまでを理解して、どこから理解していないのか、はっきり認識することができるのです。

仮にすべてを理解して難なく復唱できたとしても、復唱したことによって記憶を定着させやすくする効果もあります。

仕事の現場でも後輩などに何かを指導して、それが伝わったかどうか確認したいのであれば、復唱してもらうことが最も確実です。

また復唱は自分自身で行うこともできます。たとえば研修やセミナーで何かを学んだり、本を読んだりしたとき、本当に自分がそれを理解したかどうかをチェックするには実際にアウトプットしてみることをおすすめします。

誰かに口頭で説明してみてもいいですし、文字に書き出しても構いません。SNS

を使って「備忘録」と題して学んだことを簡単な文章にまとめてみてもいいでしょう。

他人が読んでも理解できる文章を書くには、確実に自分自身が理解している必要があるわけですから。

会話を共有しながら記録に残す

また、ビジネスのコミュニケーションにつきものなのが「言った、言わない」のトラブルです。こればかりは「意識の矢印」をいくら相手に向けても防ぐことはできません。

このトラブルを回避する基本はメモの活用です。

「言った、言わない」はメモリーミス（発言を忘れる）、またはアテンションミス（発言に注意が向いていない）から引き起こされるコミュニケーションミスです。

いずれにせよ相手と自分の記憶が異なるわけですから、互いの正当性を主張したところで結論は出ません。

そういった事態を防ぐためには客観的な事実として記録を残すしかありません。

最近はスマホで手軽に録音ができますが、すべての会話を録音するのも現実的ではないので（マナー上の問題とデータ容量の問題で）、ここはやはり、もっとも原始的、かつ手軽なメモがいいでしょう。

とくにメモであればその場で書き込みつつ、相手にもそれをリアルタイムで見せることができます。実はこれが非常に重要です。

一般的に会議の席などで相手にも見えるようにメモをとる人は少ないですが、あえて相手にも見えるように堂々と書き出す方が、経験上、絶対におすすめです。

もちろん、ホワイトボードやフリップチャートがあれば、そこに書き出していくのもおすすめです。ホワイトボードはスペースがなくなったら、写真に撮って新たに書き出しましょう。

「字が汚いから恥ずかしい」と嫌がる人もいるかもしれませんが、ビジネスは文字のうまさを競い合うものではないので気にする必要はありません。

この方法、実際にやってみるとわかりますが、会話が白熱してくると相手もあなたのメモに書き込み始めることも起きます。

セールスの人は自分のメモをお客様に見せることに抵抗を感じるかもしれませんが、とくにセールスの現場でこそ、行ったほうがいいです。というのもセールスの会話では売り手と買い手の思惑が異なり、「言った、言わない」が頻繁に起きるからです。

何より、ついつい敵対関係のようになってしまうセールスとお客様が、メモを共有して向かい合うことで共通の問題に立ち向かう同志のような関係になりやすいのです。

対面のコミュニケーションにこだわる

いくら当人が「伝えたつもり」「聞いたつもり」でもミスは起きます。対面でのコミュニケーションですらそうなのですから、顔の見えない電話やメール、チャット、SNSではどれだけコミュニケーションミスが起きているか、恐ろしくなったかもしれません。

実際、コロナ禍でリモートワークが増え、これまで当たり前だった、リアルな対面でのコミュニケーションに代わり、メールやチャットでのコミュニケーションが一気に増え、コミュニケーションミスに悩まれている方も増えているようです。

まずは、メールやチャットでは、言葉の奥にある相手の記憶がわかりづらいということだけは忘れないようにしましょう。

絵文字やさまざまなスタンプなど、微妙な感情の機微やニュアンスを伝える工夫もありますが、過信は禁物です。

とくに非対面型のコミュニケーションでミスが起きやすい例を挙げておきますので、注意ください（181ページ図）。


ほかにもさまざまなケースがあるでしょう。

非対面型コミュニケーションの弱点は、相手の反応がリアルタイムでわからないことです。対面で意識の矢印を向けていれば、相手の顔色が変わったり、言葉の前に微妙な間が入ったりとわずかな異変にも気づくことができます。そうやって反応がわかるからこそ臨機応変に軌道修正がかけられるわけですが、相手の顔が見えないメールであったら反応を想像するしかありません。

まだ電話であれば口調で反応がなんとなくわかりますし、チャットでリアルタイムに短文の応酬をするのであれば若干はマシかもしれませんが、逆に、ちょっとしたコミュニケーションミスが修正されることなく感情的になってしまうリスクもあります。

仕事のスピードアップのためにさまざまなコミュニケーションツールを活用することはいいことです。しかし、相手に誤解される恐れがある場合や、相手の反応を見ながらではないとうまく伝えられない込み入った話などは、手間がかかっても電話や対面での会話を心がけることをお勧めします。

コロナ禍でZOOMなどのオンライン会議システムが普及し、使いやすくなっています。昔のビデオ会議システムであれば、画像も粗く、動きもぎこちなく、自然でありませんでしたが、今はまるで相手がすぐ目の前にいるような感覚で、顔の表情やその変化も捉えながらコミュニケーションできます。リモートでもリアルタイムかつ対面のコミュニケーションができる、こういったツールも積極的に活用しましょう。

非対面型で
コミュニケーションミスが起きやすい例

■ **相手にとって面倒な仕事をお願いするとき**

・一方的に命令のように受け取られた
・納得感がないため、やっつけの仕事をされた

■ **フィードバックを伝えるとき**

・非難されたと受け取られた
・見下されたように感じられた

■ **感謝を伝えたいとき**

・淡白で薄情な人間だと思われた

■ **こみいった相談をするとき**

・全体像を理解してもらえず回答がもらえなかった
・相談内容を誤解され意図せぬ返答が返ってきた

コミュニケーションマスターへの道

「答え」より「応え」を聞く

コミュニケーションマスターになるためには、基本対策に加え、さらにふたつのシフトが必要になります。それは**「答え」から「応え」へ、そして「事柄」から「人」へ**、というシフトです。順に解説していきましょう。

「なかなか相手が積極的に話してくれない」

「質問をしているのに答えてくれない」

意識の矢印を相手に向けようとして質問をしても、このような相手の反応に直面することもあります。まさにここが「普通の人」と「マスター」の分かれ道。

そのキーワードとなるのが「答え」と「応え」です。

「答え」とは言葉として発せられた明確なものであるのに対し、「応え」は表情や仕草、間合いなど、言葉にならないものも含めたなんとも曖昧なもの。英語で言えば「答え」は「answer（アンサー）」、応えは「response（レスポンス）」です。

「答え」はこちらが質問した際に相手から出てくるものであるのに対し、「応え」は常に発露しているものです。

事実関係のズレを正したいなら「答え」に注目していればいいですが、深いコミュニケーションをするには「応え」に注目することが欠かせません。

この「応え」をとらえるには、お互いの話が終わった後に相手に意識の矢印を向けても間に合いません。話している最中も含め、常に向けている必要があります。

「言葉」にならないちょっとした表情の変化、姿勢の変化、言葉にしてもそのトーンや大きさ、抑揚などに注目することで「応え」をとらえることができます。

たとえば上司が部下に仕事を依頼したとしましょう。

上司「おい。最近会社のブログが更新されていないから、何か投稿しておいて」

部下「えっ……はい。わかりました」

このとき部下の「答え」はイエスですが、「えっ……はい」の「間《ま》」が意味する「応え」はノーです。もし「答え」だけに注目していれば、「わかりました」だけにしか注意が向かず、それを受け取って終わりになるでしょう。

しかし、もし相手の「応え」に注意を向けていたら、「えっ……はい」の奥にある記憶に切り込んでいくことが可能になります。

今は文章で「応え」を表現しないといけないので簡単に読み取れますが、実際には相手の目線や口調、仕草、表情などを細かく観察する必要があります。そして、「応え」は言葉になっている「答え」以上に多くを語っている場合も多いのです。

「応え」をキャッチできれば一気にコミュニケーションの幅が広がる

「答え」よりも「応え」に焦点が当たり、そこをとらえられるようになると、コミュニケーションの幅や自由度、可能性は一気に広がります。

たとえば人には言えないような深い悩みをとらえ、それについてコミュニケーションをはかることを生業とする占い師などは、この「応え」を敏感にとらえることで相手の信頼を勝ち取り、商売を成り立たせています。実際、占い師の腕前を決めるのは占いに関する知識ではなくコミュニケーション能力なのです。

ちなみにこうした技術は「コールドリーディング」というスキルでまとめられているほどです。

たとえば「まあ、いろいろありますよね、人生って。恋の悩みとか」と話をふりながら、それに対する相手の「応え」を見ます。

「恋の悩み」という言葉に対して相手が無反応、または抑揚のない相槌を打っていたら「それではない」と瞬時に判断し、「お金の悩みとか……」とほかの選択肢を試していく。

そして、相手の「応え」から「これだ！」という反応が出れば、そこから「借金ですか？」などとさらに具体的に投げかけていく。

こうした手順を繰り返していくことで、多くを語ることなく徐々に相手の奥にある記憶に入り込むことができるわけです。もちろん相手は「なんでわかったんですか？」と驚きます。

仕事においても、何が相手にとって最も適した発言なのかなど、なかなかわかるものではありません。

それが正しいかどうかは伝える側が決めるのではなく、受け取る側によって決められるわけですから。よって、受け取る側があなたの発言（質問なりアドバイスなり）をどう受け取ったかは「応え」に注目することでしかわからないのです。

たとえば部下を育てるときに叱ろうが寄り添おうが、極端な話、どうでもいいのです。

大事なのは、そのとき相手の「応え」をとらえ、その奥に意識の矢印を向けて聞きながら、部下が育とうとする「応え」が出るまでコミュニケーションを続けることです。

一番やってはいけないことは、相手の応えを無視して叱りっぱなしで終わるパターン。意識の矢印が自分にしか向いていない、ただの自己満足かストレス発散にしかなっていません。

質問者の気配を消すぐらいに意識の矢印を相手に向け続けよう

真のコミュニケーションマスターになれば、単に自分の意識の矢印をコントロールするだけでなく、相手の意識の矢印の向きも変えることができるようになります。

具体的には、相手の意識の矢印が、ずっと自分自身の記憶に向かい続けるようにすることができるのです。

そのために行うべきことは、やはり、意識の矢印を相手に向けることではありますが、それを徹底する必要があります。

あなたの意識の矢印が相手の記憶に向き続け、短い質問を投げかけ続けられれば、相手の意識の矢印も同じように相手自身の記憶に向き続けます。**さらに、できるだけその状態を維持することで、相手は普段意識することのないような記憶の深層部に到達できます。**

人の悩みを解決したり、人のポテンシャルを最大限に引き出したりすることができるコーチングのコーチが普段行っていることは、まさにこれです。

究極的には相手はあなたのことを意識しなくなります。自らの記憶に深く入るからです。あなたの気配は消えて、背景と化すような感覚です。そして相手は意識の矢印がどんどん自分自身に向き、最後はまるで独り言状態のようになってきます。

そこまでいけばあなたの役目は必要最低限の相槌を打って、相手の言葉をどんどん促すだけで済みます。

『聞く力』が大ベストセラーとなったタレントでエッセイストの阿川佐和子さん。彼女のインタビューのどこが優れているかというと、知ったかぶりを一切しないことです。普通の人であれば世間の注目を集めるインタビューの場合では、ちょっとは自分をよく見せたいという欲望が湧いても不思議ではありません。

しかし、本来インタビューの主役は相手のはずです。そこに自分をよく見せようとする感情が入ってくると、意識の矢印も自分に向き、相手もそのことに気づきます。

阿川さんはそのような欲を微塵も見せません。相手の発言がなんだか小難しい表現を使っていたら「それってどういう意味ですか?」とはっきり聞けますし、話の展開もインタビューされる人任せ。変に自分でコントロールしようとしないから、面白い話をどんどん引き出せるのです。

「会話泥棒」になっていませんか？

では逆に、自分の気配を消せない人はどのような会話をするか考えてみてください。

答えは「会話泥棒」です。相手の発した言葉に自分の記憶が過剰に反応して、「なるほどね。実は僕もさ」と、自分の話をしないと気がすまない人たちです。

あなたの職場にも多いかと思います。

会話泥棒までいかなくても、意識の矢印が自分に向いている人は自分が質問したのに答えを真剣に聞いていなかったり、主観の混じった質問をしたりすることもあるでしょう。

そうした質問をされると、相手の意識の矢印は質問者に向きます。

「この人、こういう風に考えているんだ」

「なんでこんなことを聞くんだろう」

「どんな答えを期待しているんだろう」

このような質問者の存在が大きくなってしまったら効果はありません。最悪の場合、上辺だけの回答しか得られなくなります。

カウンセリングの世界では**「一人では一人になれない。相手がいるから一人になれる」**という言葉があります。安心できる聞き手がいるからこそ話し手は自分の記憶と向き合い、そこに入り込んでいけるという意味です。

もちろんその会話がただの雑談であったり、自分の情報収集のための質問であったらここまで細かく考える必要はないでしょう。

しかし相手の本音を知りたいときや悩みの解決の手伝いをしたいときは、いかに自分の気配を消すかが大事なのです。

記憶の奥深くに入り込む「高確率セールス」の手法

相手の記憶に入り込むひとつの例を紹介したいと思います。

私が以前、日本への導入にかかわった「高確率セールス」というセールス手法の中核となる「聞き方」のテクニックです。

以下に紹介する対話は、実際に私がセールス役となり、知り合いの編集者にお客様役になってもらって、その「聞き方」を実際に行ったものです。そのときの会話をそのまま原稿にしてあります。

営業「編集のお仕事はいつから始められたんですか？」
客「え～っと、会社に入ったのは2年前ですが、出版に携わってからは5年ですね」
営業「というと？」
客「大学で出版関係のサークルに入っていたんです」

営業「へえ。出版に興味を持ったきっかけは？」
客「小学生のときですかね。科学系の本が好きでよく読んでいました」
営業「ほう。それは何年生くらいの話ですか？」
客「3年生くらいですね」
営業「へ〜〜。そのころってどんなお子さんだったんですか？」
客「う〜ん……勉強ばかりしてましたね。知恵もついてきて、ちょっと生意気な小学生だったかもしれません」

ここで切りましょう。

あきらかに、一般的に思い描く「営業トーク」ではないと思います。商品の話は一切していませんし、それどころか仕事の話からいつのまにか子ども時代の話になっています。

実は、これが狙いなのです。

高確率セールスでは、相手が信頼に価するクライアントかどうかを確認することから始めます。信頼できるかどうかは子どものころのエピソードを聞くことが一番。性格は大きく変わるものではありませんし、子どものときの話であれば変に自分をよく見せようといったフィルターがかかりにくいからです。

子どものころの話をしてもらうまで、初めて会ってからだいたい15分以内です。とはいえ、そのための質問者は何も複雑なことをしていません。複雑なことをしないからこそ短時間で深い話が聞けるのです。ただ、相手が話した言葉を拾って、それについての質問を投げていくだけ。

もちろんざっくりとした話題の方向性として、過去にさかのぼることは意識していますが、基本的には意識の矢印を相手に向けて、シンプルな質問をしていくだけです。

このとき、お客様の頭のなかでは、意識の矢印がどんどん自分自身の記憶の深いところに潜っていきます。しかも質問がシンプルなので、言いたくないことを無理やり言わされているような感覚もありません。そして気づいたら、意識の矢印は自分が子どものころまでさかのぼっているというわけです（参考『売り込まなくても売れる！実践編 トップ1％の営業マンから生まれた「高確率セールス」』）。

沈黙を埋めるな！　それは重要な「応え」だ

「応え」に注目できるようになると、多くの人が苦手とする「会話の沈黙」にも耐えられるようになります。

沈黙には「答え」はありません。しかし、言葉を発しないという状態そのものが明確な「応え」なのです。

人の脳は熟慮をしながら言葉を発することはできません。沈黙しているとき、相手の「意識の矢印」は多くの場合、自分自身の記憶の深いところに向いています。

相手が怒って黙っているケースもありますが、それは文脈を読めばわかることでしょう。人が何か大事なことを考えたりするときは必ずといっていいほど沈黙を伴います。

熟慮のための沈黙は深いコミュニケーションをするうえでとても重要な局面です。

たとえば商談のクロージングの場面。

購入する側としてはいろいろ説明を受けたうえで最終的にどう判断すべきか必死に

考えようとしています。

ましてやそれが高額な商品であれば、なおさら即断したくありません。

しかし、ダメなセールスほど相手が黙り込んだら「やはり買ってくれないのでは……」という不安や、「いまこそ最後の一押しだ！」という焦りから、話してしまいます。自分に意識の矢印が向いているのです。

そして、見込客がせっかく真剣に考えている時間を邪魔してしまうのです。

一方で、**売れるセールスはお客の「応え」を的確にとらえ、その沈黙も待つことができます。**自分の商品やサービスに対する自信があり、最終判断は相手に任せているので、焦りや不安がなく、意識の矢印を楽に相手に向けられることが大きいでしょう。

逆に、いつまでたってもペラペラしゃべるお客ほど真剣に考えていない危険性があるとも言えます。なぜなら饒舌に話しているうちはすでに知っていることを言葉にしているだけで、本当に深く考えているなら饒舌になるわけがないからです。よって商談で妙にハキハキと受け答えするお客ほど、ただの情報収集が目的であったりします。

「事柄」中心では時間のわりには話が深まらない

次に「答え」から「応え」へのシフトと並んで、コミュニケーションマスターになるために不可欠な、「事柄」から「人」へのシフトについて解説しましょう。

次ページの図を見てください。

簡単にいうと「事柄」とはマンガでいうところの「吹き出し」、セリフ部分です。

「人」とは話している人の内なる価値観や信念、思いや気持ちです。

意識の矢印を相手の記憶に向けようとしても、ついつい相手が話している言葉だけに注意が向いて、具体的な事柄の話ばかりになりがちです。

ただ、それでは時間がかかりすぎて、なかなか話の本質にたどり着かないことも多いのです。

世間話がいい例です。

天気の話題に始まり、野球やサッカーなどのスポーツ話題に移るなど、当り障りの

「事柄」から「人」へ

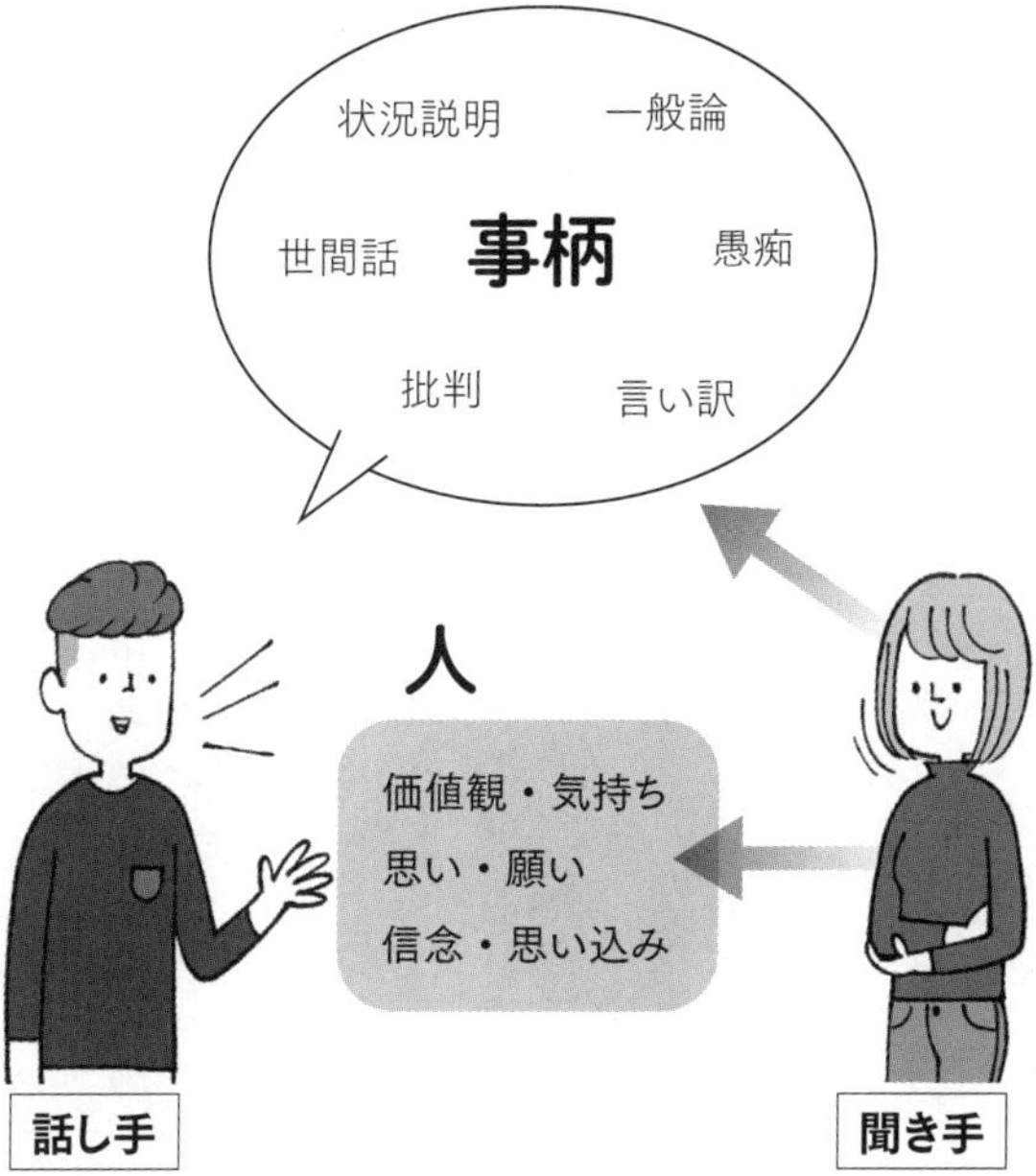

ない会話のことです。たしかに話のとっかかりとしてはいいのですが、世間話に終始していても、話は一切深まりません。

深いところで理解しあいたい、もしくは相手の信頼を得たいのであれば、どこかのタイミングで相手の心の扉を開いていく必要があります。

とくにビジネスでの会話は、意識しないとついつい「事柄」が中心になります。「景気が～」「競合相手が～」「あの部署が～」と、ただの情報共有のような話ばかりになってしまい、いくら時間をかけても話が深まりません。

「事柄」が中心になっている会話の特徴はその主語にあります。主語が「景気」「競合」「あの部署」など、会話をしている二人以外のものになっているのです。

もし相手の本音に迫ったり、心の距離を縮めたりしたいのであれば、「人」中心の会話に切り替える必要があります。

主語を相手に切り替える

「人」中心の会話に切り替えるのは簡単です。次のようなシンプルな質問をするだけです。

「課長は○○についてどう思いますか？」

「君はこの状況のなか、どうしたい？」

会話の相手を主語にしてしまえばいいのです。こうした質問のことを私は「ユークエスチョン」と名づけています。

当り障りのない話題や、事実確認のような客観的な事実を語るときと比べて、ユークエスチョンは質問の内容次第では相手がスムーズに回答できないこともあります。

しかし、それでいいのです。

上辺の会話ではなく、相手の記憶の深層部に切り込んでいるわけですから、熟慮のための沈黙が生まれてもまったく不思議ではありません。

ユークエスチョンを積極的に使えば、その人の価値観、信念、固定観念、思い込み、トラウマ、タブー、弱点など、内なるものが次々と見えてきます。いわばその人が生まれてから経験してきた記憶の扉が開くのです。

「仕事でそこまで深く入る必要はないのでは」と思う人もいるでしょう。

たしかに仕事とプライベートを割り切っても、それなりの成果は出せます。

しかし、人を動かす、または信頼関係を必要とする仕事であれば、やはり相手の懐に入るスキルが欠かせません。

「クライアントと打ち解けることが苦手」「同期たちと深い間柄になれずに寂しい思いをしている」、そういった基本的な人間関係を構築するにも、やはり「事柄」中心の会話だけでは厳しいものがあります。

「結構、雑談の時間は割いているつもりなのに」と困惑している人は、今後は会話の時間や頻度よりも、「人」に焦点を当てて、深さを考慮してみてはいかがでしょうか。

「人」の6つの階層を意識せよ

「人」に焦点を当てるときに参考にしていただきたい、フレームワークを紹介したいと思います。NLP（神経言語プログラミング）屈指の理論家であるロバート・ディルツ氏が開発、提唱している、**「ニューロロジカルレベル」**と呼ばれるモデルです。

このモデルでは人の側面を次の6階層に分けています（203ページ図）。

同じ話を聞いても、これらの6つの階層のどこで見るかで、コミュニケーションの質・内容は大きく変わってきます。

6つの階層で最も外側にあるのが「環境」です。

学歴で人を判断するなどはまさしくこの階層で人を見ている証拠です。また、「環境」のひとつ内側にある「行動」の階層も、第三者が見てもわかりやすいのでついつい目が向きがちになります。

しかし、実際に人はそれほど単純ではなく、その奥にはさらに「能力」「信念・価値観」「アイデンティティ」「スピリチュアル（自分を含む、より大きなシステム）」

といった階層があり、上辺の階層だけでコミュニケーションを図ろうとすると大きなミスを犯すという、コミュニケーションの本質を説いたのが、このモデルです。

とくに「能力」以下の階層は、相手をよく観察するだけではなく、深い対話を通して相手のことを本当に理解しないとなかなか見えてきません。

もちろん「環境」や「行動」の階層も大事ですが、できるだけ深層部に近い階層で相手を理解することが大事です。

多くの人はこうした階層の存在をあまり意識しないので、相手のことをよく知らないにも関わらず、一方的に決めつけをして反感を買うようなミスを犯しがちです。

たとえば朝のミーティングに遅刻してきた部下に対して、遅刻という結果、もしくは遅刻をもたらした行動に焦点を当てて注意するなら部下も納得するでしょう。

しかし、階層を飛び越えて「お前みたいな部下はいらない」といきなりアイデンティティ（自己認識）レベルでダメ出しをしてしまう、というようなことです。

もしかしたら部下は上司の役に立ちたい一心で、毎晩遅くまで資格試験の勉強をしていたかもしれません。そうした事情を知らない上司が、自分のアイデンティティま

「人」に意識を向けるときの6つの階層

① 環境

その人の財産や肩書き、仕事の成果など、その人の行動の結果。
基本的にオープンになっているもの。

② 行動

仕事のやり方や言葉使い、態度など、目に見える言動全般を指す。

③ 能力

仕事の精度や速さ、身体的な能力などのこと。
仕事におけるポテンシャルと言える。

④ 信念・価値観

物事を判断するときの基準や人生において大事にしていること。
その人が発揮する能力、実際に行う行動を大きく左右する。

⑤ アイデンティティ（自己認識）

その人が自分に対して抱くセルフイメージ。
「父親である」「社長である」「日本人である」といった役割の意識。
これが変われば、信念・価値観も大きく変わる。

⑥ スピリチュアル（自分を含む、より大きなシステム）

自分の上位にあるものとして認識している存在のこと（宇宙、地球、会社など）。
自ら背負っているもの。アイデンティティは必ずこれと組み合わせになる。

で否定してきたら、どのような感情が沸き起こるでしょうか。

そう、職場でよく聞く、「お前に俺の何がわかる」でしょう。この場合の上司は、遅刻という結果だけを叱っていればよかったのです。


逆に褒める場合はどうでしょうか。

もし部下が大きな受注を取ってきたら、見えやすい結果だけを褒めるのではなく、できればそれをもたらした行動（毎晩残業してがんばったことなど）、さらにはその人が持っている強み・能力（粘り強いことなど）、さらには日々大切にしている価値観（「できることは何でもやる」など）にまで踏み込んだほうが、部下は喜びます。

「この上司は自分のことをよく見てくれているんだな」と。

真のコミュニケーションマスターを目指すなら、すべての階層に意識が向けられるようにトレーニングしていきましょう。

4章

Judgement Errors

ジャッジメントミス

判断ミスを認めることが、判断ミスを減らしていく

- ☑ 自己判断によるミス
- ☑ 情報・経験不足によるミス
- ☑ 勘で動いたことによるミス
- ☑ 思い込みによるミス
- ☑ 惰性や習慣によるミス
- ☑ 雰囲気に流されたことによるミス

> 本章を読めば、これらの原因と対策がわかります

ジャッジメントミスが起きる原因

脳には2種類の思考回路が存在する

仕事ではさまざまな局面で意思決定を迫られます。いい加減に判断していれば別ですが、真剣に考えたのにあとで振り返ってみると、「なぜあんな判断をしたのだろう……」と思わざるを得ないミスもあるのではないでしょうか？

ただ、これまで見てきたミスと同様、ジャッジメントミスも「しっかり判断しよう」と気合を入れただけでは防ぐことはできません。

ジャッジメントミスは脳の仕組みからある程度仕方のない話であり、まずは脳が判断を下すときの仕組みを理解しておかないと、ミスを減らすことすらおぼつかないでしょう。

実は、私たちが何かを判断するときに使う思考回路は2種類存在します。

ノーベル賞学者で認知科学・行動経済学の権威、ダニエル・カーネマン博士は、その著書『ファスト&スロー』（早川書房）のなかで、**人が思考を巡らせるとき、脳のなかでは「速い思考」と「遅い思考」のふたつが使われる**と説いています。

脳が勝手に答えを出す「速い思考」

「速い思考」とは文字通り、瞬間的に行われる思考で、意識的な努力は不要、もしくはほとんどいりません。

たとえば「1+1=」という問題を見たら、反射的に「2」と思い浮かぶはずです。

このように「答えが瞬間に思い浮かんだ」とき、人は「速い思考」を使っています。

また「速い思考」は簡単な計算だけでなく、たとえば初めて会った人に対して、「この人は信頼できそう」といった直観に基づく反応も、「速い思考」のおかげです。

そして「速い思考」の判断材料のひとつが、3章で紹介した潜在記憶です。

「速い思考」は動物としてのサバイバルに必要不可欠です。地震を感じたら即座に安全な場所に走るといった選択は「速い思考」がなせる技です。

人間の脳は、よく言えば「エコ装置」、悪く言えば「怠け者」です。人が意識をしなくても勝手に省エネ運転をしようとします。本来はじっくり考えたほうがいいようなことでも本能や過去の記憶をもとに「速い思考」が即席で答えを出そうとするのです。

「速い思考」は平時においては優秀な自動プログラムであり、実際にわれわれは日常生活の大半を「速い思考」に依存しながら満足して送っているわけです。

ただ、当然ながら「速い思考」も判断を間違えることがあります。「速い思考」が頼りにするのは記憶（経験や知識など）なので、記憶自体に偏りや誤りがあったり、情報が不足していたりすれば、間違った答えを出してしまうのです。

じっくり考える「遅い思考」

「速い思考」に対して、じっくりと判断を下すのが「遅い思考」です。直感的に考える「速い思考」と異なり、意識的かつ論理的に判断を下すときに使われます。たとえば「19×37＝」を「速い思考」で解ける人はまずいないでしょう。「9かける7は63。7かける1は7。10倍で70。足したら133……」という具合に、ワーキングメモリを精一杯使って考えるはずです。

もし注意が散漫でワーキングメモリが満杯状態であれば、十分な検討ができずに間違った判断を下すことは十分考えられます。

なぜ自分の判断に後悔することがあるのか？

ジャッジメントミスをなくしたいなら**「速い思考」が下す判断を、逐一「遅い思**

考」で検証するというプロセスが必要になります。身近な例でいえば次のようなケースです。

ランチタイムに何を食べようかと考えたら即座にラーメンが食べたくなり、決めた。昨夜テレビでラーメン特集を見たことの影響かもしれません。

これが「速い思考」による判断です。

しかし、ここであなたは今週に入って塩分を摂りすぎている事実を思い出しました。気持ちとしてはラーメンを食べたいですが、体のメンテナンスのことを考えればそれは最善の選択ではないと結論づけ、有機野菜の美味しい店に行くことにしました。

これが「遅い思考」の効果です。「速い思考」を論理的に抑え込むことができます。

「なぜあんな判断を……」と後悔するときは、たいてい「速い思考」の仕業です。厳密に言えば「速い思考」に振り回されるのが人間であり、より理性的な人、自分を客観視できる人、または自分を律することが得意な人はこうした「速い思考」が下す、時に誤った判断を疑ってかかることができるのです。

そもそも勝手に判断を下す「速い思考」と違って、「遅い思考」は意識しないと回路が動きません。よって「速い思考」が下す判断に従うことになんの疑問も抱いてい

「速い思考」と「遅い思考」

ない人は、「遅い思考」で検証する必要性すら感じないのです。

ひとつの言葉が「速い思考」の結果を左右する

「速い思考」がどのようなジャッジメントミスを起こすのか、カーネマン博士の『ファスト&スロー』で紹介されていた実験例を紹介しましょう。

実験ではふたつの質問がセットになったものを2種類用意して、被験者に問いかけました。その質問とは以下の通りです。

質問A
①世界一高いアメリカ杉は1200フィート（365・76m）より高いか、低いか？
②世界一高いアメリカ杉の高さはどれくらいか？（直感で答えてみてください）

質問B
①世界一高いアメリカ杉は、180フィート（54・86m）より高いか、低いか？
②世界一高いアメリカ杉の高さはどれくらいか？（直感で答えてみてください）

AとBの違いは①で示している数字だけです。そしてこの実験では、①の質問の違いによって②の答えが大きく変化することが明らかになりました。

質問Aの②の回答の平均値が844フィートだったのに対し、質問Bではなんと282フィートだったそうです。

その差は562フィート。誤差の範囲とは言えません。

この差を生んだのは「潜在記憶」です。①の質問に答える過程で、「1200フィート」や「180フィート」を目にしていたために、思考がそこに誘導されたのです。

高い値段を吹っかけられるのもバカにできない

潜在記憶による判断への影響は、仕事でもよく見かけます。

たとえばセールスがする「普段は10万円でお出しするのですが、お客様は特別ですので半額の5万円でいかがでしょう」といったセールストークもそのひとつです。

ただ「5万円です」と言うと、もしかしたら高いと思うかもしれません。それでは交渉が不利です。しかし、10万円というひとつの基準があるので、お得感が出ます。

このように交渉ごとなどで判断の基準を自分に有利に進めるために打つクサビのことを「アンカー」と言います。船のイカリのことです。そしてアンカーが判断結果に影響を及ぼすことを**「アンカリング効果」**と言います。

スーパーの特売で「お一人様3個まで」といった数量制限をするのもアンカーです。こういう言葉を見ると、人は商品が飛ぶように売れているイメージが浮かび、「買わないと損をするかも」という気になりがちです。

このようにわれわれの判断は潜在記憶によって大きな影響を受けています。こういった脳の特性を知らないままだといつまでもジャッジメントミスは減りません。

感情的になると「遅い思考」の検証ができなくなる

「遅い思考」の精度を上げるためにはワーキングメモリが十分に確保されていることが重要ですが、感情が揺さぶられると、大量に消費してしまいます。

- 「いま買わないとなくなってしまう」といった不安や焦り
- 「ケチだと思われたくない」といった見栄やプライド
- 「この人が言うんだから間違いない」といった過剰な信念や義務感
- 「こんな美味しい話は滅多にない」といった欲

こうした感情が大きく動くと「遅い思考」はうまく動きません。いわゆる「冷静に考えられない」状態です。感情は論理的な思考にとって強敵なのです。

セールスのテクニックでは感情を揺さぶるために、「タイムセール」「限定商法」などで不安や欲を駆り立て「遅い思考」を働かせないようにしているのです。

悪質な例でいえば「あなたはいつまで負け組でいるつもりですか」と一方的な決めつけをして焦燥感を演出するセミナーなどがあります。挙句の果てには「成功者に共通するのは決断力です」と、見栄をくすぐりながら即決を促すパターンもあります。

彼らからすれば「素直」な人ほどカモです。逆に普段から理屈っぽい人や冷静さを失わない人は、こうした手法にひっかかりづらいのです。

あなたと先輩・上司の評価基準は同じではない

たとえ「遅い思考」を働かせたとしても潜在記憶の影響から完全に逃れることはできません。なぜなら「遅い思考」で物事を考える際も、記憶から呼び出されたデータに基づいて判断をするからです。

とくによくあるのが「評価基準」のズレからくるジャッジメントミスです。

たとえば先輩から「この機械、倉庫に戻しておいて」と言われたとしましょう。

滅多に使わないものだから倉庫の奥の方にしまって置くこともできるでしょうし、逆にスピード重視で倉庫の入り口付近にポンと置いて終わりにすることもできるでしょう。

こうした行動の差は、当人の評価基準、つまり「何が大事なのか」によって変わります。別の言い方をすれば、その人の記憶にある思い込みや信念、価値観のことです。

日常生活で自分の評価基準がどのようなものなのか、またはその基準が本当に正しいものなのか、あまり意識を向けることはありません。さらに厄介なのは、どこかでほかの人も自分と同じ評価基準を持っていると思い込んでしまっている点です。

人の評価基準はバラバラです。とくに仕事のようにさまざまな利害関係にある人たちとかかわる場合は、その傾向がさらに強くなります。それなのに自分の評価基準が唯一であると思い込んで動くと、いずれ衝突が起きます。

「記憶の鮮明度」も判断を誤らせる

評価基準の正体は潜在記憶ですが、記憶がどれだけ鮮明に残っているかによっても判断が変わってきます。

たとえば、あなたは少年の凶悪犯罪が最近増えていると思いますか？　増えていると答えた人もいるかもしれませんが、実際には減少しています。

では、なぜ増えたと判断する人がいるのか。

それは少年犯罪のニュースがあなたの記憶に強烈な印象を残すからです。

つまり、**記憶の思い出しやすさをもって「頻繁に起こっている」と思ってしまう**のです。この現象を認知科学で**「利用可能性ヒューリスティック」**と呼ばれています。

これは「利用可能性」、つまり「思い出しやすさ」で頻度や確率を判断することです。

たとえばあるプロジェクトチームで仕事をしているときによく起きるのが「自分ばかり大変な仕事をしている。正当に評価されていない」と不満を抱くことです。

これも利用可能性ヒューリスティックに引きずられているケースがあります。要は自分がしている苦労は当然ながら鮮明に記憶されますが、他人の苦労は意識を向けない限り記憶にすら残らないかもしれません。すると自分のほうがほかのメンバーよりも「頻繁に苦労している」と思い込んでしまうのです。

考えれば考えるほど、間違っていく……

このように潜在記憶は意思決定や判断にいつのまにか大きな影響を与えます。

さらに人の脳はいったん判断を下すと、それを正当化しようとします。都合のいいことしか考えないように思考にフィルターがかかるといえばわかりやすいかもしれません。

あなたも社内会議やお客様との打ち合わせで体験しているのではないでしょうか。

自分に都合のいい情報だけを強調して、都合の悪い情報は無視するということです。

自分自身に身に覚えがなくても、このような人は身近に一人や二人いるはずです。

自己正当化は確信犯的に行っている場合もありますが、無意識に行っている場合も多いのです。そして、それを引き起こしているのもやはり潜在記憶です。
ある仮説を「正しい」と考え始めると、それに関連する記憶が勝手に活性化され、正しいと考えている仮説に合致するような情報が勝手に呼び出されやすくなるからです。

最初に正しいと思ったことは、時間がたつにつれさらに正しく思えてくるのです。ネガティブ思考の人は、身の回りに起きる些細な不幸な出来事ばかりに意識が向いて、「ほら見ろ。絶対に不幸だよ」と信じ込んでいます。周囲がいくら「いいことだってあるじゃないか」と励ましたところで「いや、それはたまたまだから」と聞く耳を持ちません。

最大のジャッジメントミスとは？

われわれは「潜在記憶」の働きから逃れることはできません。いくら「速い思考」を抑え込んで「遅い思考」で考えたとしてもジャッジメントミスは起きます。

ただし、それは悲観するものではありません。ビジネスにおける判断とは未来予測です。社会は実験室のように単純な世界ではなく、さまざまな人間の思惑が絡みます。完璧な判断など無理な話ですし、そもそも正解などないのです。

そういう意味では、人が犯しうる最もタチの悪いジャッジメントミスは、判断するときには言ってなかったのに、結果が出たあとで、「あの判断は悪かった」とミスを指摘することかもしれません。プロジェクトがうまくいかなくなったときに、「こうなることはうすうすわかっていたはずだろう」と訳知り顔に言う上司などはその典型です。こうした人はチームで最終決定をした当時、いまと同じ意見を同じ強度で指摘していたのかといえば、そうではありません。

結果を知っていれば何とでも言えます。そしてこれもまた潜在記憶の働きによって自分に都合のいい記憶ばかりが活性化されるために「私はずっと知っていた」と勘違いしてしまうことによって引き起こされます。

これは**「後知恵バイアス」**と呼ばれます。

では、どうすればジャッジメントミスをなくすことができるのでしょうか?

そもそも不確かな未来について、しかもさまざまな複雑な要因が絡む状況でジャッジメントミスをなくそうと考えること自体が、ジャッジメントミスかもしれません。

しかし、正解はなくても努力をすることは必要です。少しでもジャッジメントミスを減らすための基本対策を考えていきましょう。

ジャッジメントミスの基本対策

まずは評価基準のズレをなくす

最初に紹介する基本対策は、ビジネスで最も頻繁に起こるジャッジメントミスについて。それは評価基準のズレです。

人によって何が大事で何を優先すべきなのかといった価値観は異なります。「速い思考」にせよ「遅い思考」にせよ、価値観は判断に大きな影響を及ぼします。もし一人で仕事をしているのであれば、自分の価値観に素直に従っていても誰も文句は言いません。

しかし会社の一員として働いている限り、毎回自分の評価基準を押し通すわけにもいきません。それができるのは社長だけです。また、社長といえどもお客様あってのビジネスですから、お客様の評価基準を無視していては選択を誤ることもあるでしょう。

とくに評価基準でミスを犯しやすいのが新人です。経験や知識が不足しているので、評価基準が未熟なケースが多いからです。

新人研修を受けたことがある人はおそらくそのとき「最終判断は上司に聞け」と言われたはずです。または実務のなかで「誰がこうやれって言った?」と皮肉たっぷりに怒られたことがある人も多いでしょう。

実際、仕事で犯すジャッジメントミスは大概このパターンで、上司が描く評価基準と自分の評価基準がズレていて、それに気づかないまま自分の評価基準で判断したときです。

「ホウレンソウ」が重要なわけ

評価基準がズレていればいくら時間をかけて合理的な判断を下したとしても、上司からはジャッジメントミスと判定されても仕方のない話です。

なぜならそれがミスかどうかを判断する権限を持っているのは、判断の責任を取る立場にいる上司なのですから。

チームプレーで動く組織においてホウレンソウ（報告・連絡・相談）の重要性が口すっぱく言われます。「そんなのメールやネット上で情報共有すればいいでしょ」と思われるかもしれませんが、ホウレンソウは3章で説明した意識の矢印を向けあうチャンスです。ただの情報伝達で終わらせず、お互いの評価基準にまで深堀りすることでようやく「すり合わせ」が完了するのです。

たとえば上司のためを思って時間をかけて資料を作っていたとしても、もしかしたら上司は6割の精度でもいいから早く資料が欲しいと思っているかもしれません。

上司からすれば、部下からのホウレンソウはズレに早い段階で気づき、修正できるチャンスなのです。逆に言えば上司から信用される社員とは上司の評価基準を理解している社員のこと。

指示をしなくても自分の思った通りに判断を下してくれるので、そういった社員はホウレンソウをする必要が減ります。「お前に任せる」というのは「お前の評価基準と自分の評価基準のズレは少ないから、お前を信用する」という意味でもあるのです。

また人が個々に考え方が異なるように、チームや組織にその活動の軸となる価値観があり、何かの意思決定をする際はそれを判断基準としています。

会社には会社の、事業部には事業部の、部署には部署の判断基準があるということです。それらをメンバーで共有することで、チームとして目指すべき目標に向かって歩調とベクトルを合わせて進むことができます。

最近では「パーパス」「ミッション」「ビジョン」といった抽象度の高い価値観を単なるお飾りではなく、どんな行動をするかの基準として位置づけている会社も増えています。行動基準とすることにより個々の社員が現場の一瞬の判断で迷わないようにするためです。

個々のメンバーの能力を最大限に活かすならできるだけ当人たちの自主性に任せたほうがいいという議論もあります。いわゆる権限移譲、エンパワーメントです。

思い切って権限を委譲するためにも評価基準を明確にして、会社としての求心力を高める必要があるのです。

「意識の矢印」がジャッジメントミスをなくす

自分と相手の評価基準が異なるという前提に立つことができると、当然ながら上司やお客様の評価基準が自分とはどう違うのか、知りたくなります。

「意識の矢印」が相手に向くわけです。

相手の評価基準を確認するためには、たとえば上司から仕事を与えられたときに「これを行うにあたって重視すべき点は何ですか？」「この企画書で絶対に外してはダメというポイントは何ですか？」というような具体的な質問が欠かせません。

その際にはコミュニケーションマスターへの道で紹介した「ユークエスチョン」をうまく使えばいいでしょう。

また上司やお客様から「〇〇したほうがいい」と指示やアドバイスを受けた際にも、何をもって「いい」と判断しているのか、評価基準に意識の矢印を向けて聞きましょう。

「なぜ、〇〇したほうがいいと思われたんですか？」と深掘りしてもいいですし、

「○○をする目的は何ですか?」と相手が思い描いている将来予想図を尋ねてもいいでしょう。いずれのケースでも評価基準が明らかになってきます。

ちなみにこうした質問を投げかけることは、上司やお客様が自分の評価基準を改めて考えるきっかけにもなります。とくにその評価基準が経験則に基づく「速い思考」で導き出されていたものであった場合、あなたから質問されることで「遅い思考」が動き、結論が変わることもあります。それは本人にとって「気づき」であり、質問されたことに感謝されることもよくあります。

売れるセールスはお客様の評価基準を押さえる

すぐれた経営者、マネジャー、セールスほど、他人の評価基準に敏感です。

逆にいまひとつパッとしない人は評価基準に対する意識が弱く、そのせいでジャッジメントミスをよく起こし、周囲の信用を失うのです。

セールスの例でもう少し具体的に解説しましょう。

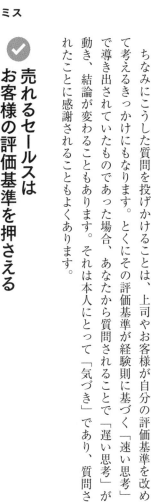

売れないセールスほど、自分たちの評価基準を押しつけようとしてクライアントにそっぽを向かれています。たとえばプリンターを売り込むときにセールスがしきりに「メンテナンスコストの安さ」をアピールするとします。

しかし、会社によっては「小さいプリンターが欲しい」「速いプリンターが欲しい」「画質のいいプリンターが欲しい」とそれぞれが抱える課題によって、プリンターを選択する際の評価基準は変わります。

相手の評価基準を満たさない限り、相手が納得して購入することはありません。いくら「いい商品です！」と熱弁しても、論点がお客様の評価基準とズレていたら相手の心にまったく響かないのです。

そのため優れたセールスほど真っ先にお客様の評価基準を探ろうとします。というより、商談の大半をこのヒアリングに費やします。

意識の矢印を徹底して相手の記憶に向けて、その深層部を引き出そうとするのです。

そして相手の評価基準が見えたら、それに沿うプレゼンのやり方で商品やサービスを提示する。こういった営業手法なら自ずと相手は満足し、成約率が上がっていきます。

では、ヒアリングの結果、自社商品が相手の評価基準に合わない場合や、相手に確固たる評価基準がない場合はどうすればいいのか。

そのときは相手の評価基準を変えるか、新たに植えつけることが考えられます。いわゆる教育・啓蒙活動です。

たとえば、住宅メーカーが無料でよく配っている「木造住宅の選び方」といった小冊子。立派な作りで情報も満載なのでずいぶん豪華なサービスだと思いがちですが、これらも実際は購入者の「住宅選びの評価基準を教育するため」の道具として使われています。

感情が「速い思考」を暴走させる

評価基準のズレをなくすという基本対策を解説してきました。ただ、これは最終的な判断を行う人が上司やお客様など、あなた以外の場合です。

最終的な意思決定を自分で行う場合にミスをなくすにはどうすればいいのか。

ひとつの方法は、自分が普段下している判断の大半は「速い思考」に任せっきりであることを自覚し、「遅い思考」を常に発動させられるようにしておくことです。

そのためにはワーキングメモリの作業スペースを確保しておく必要があります。

そこで大事になるのが「感情」との付き合い方です。

恐怖や不安を始め、感情が大きくなればなるほど、そこに注意が向いてしまってワーキングメモリに余裕がなくなり、結果的に「速い思考」だけが突っ走りがちになります。

いわゆる「感情的になる」状態です。

感情が起こるのは脳のメカニズム上、仕方のないことです。恐怖や不安にしても人が生きていくためには必要な感情です。これがなかったらわれわれの祖先は常に危険なことを試みて人間は滅亡していたかもしれません。

それに喜怒哀楽という感情があるからこそ人生が豊かに、起伏に富んだものになるわけですから、感情は必要です。

ただ何事もバランスが重要で、極端に感情に振り回される人は他人と比べて「速い思考」の餌食になっていることが多いのです。

経験・知識がなくても冷静でいるには？

あなたの周りに感情にあまり振り回されず、常に淡々と仕事をこなす人はいませんか？

たとえばどれだけ偉い人を前にしても普段通りに話すことができる人や、仕事でトラブルが発生しても顔色ひとつ変えずに的確に指示を出せるような人たちです。

このような人たちは何も感情の回路が壊れているわけではありません。修羅場を何度も経験したり、専門分野についての知識を深めたりするなかで、そうした環境に慣れてしまいそもそも心が揺れ動くことがなくなったか、過去に「速い思考」で失敗を経験するなどしたおかげで瞬時に「遅い思考」による検証がうまくなっているかのどちらかです。

では経験が浅い人が感情に動かされないためにはどうすればいいのか？

まずは感情的な反応は避けられないことを知ることです。いくら冷静を装っても怒りや焦りなどの感情は簡単に収まるものではありませんし、逆に抑えようとすればするほど意識の矢印が自分の内側に向き続けることになり、負のスパイラルから抜けられなくなります。

よってこの状態から抜け出すには、**感情的な反応が出たことを素直に受け止め、意識の矢印を相手に向ける**ことです。

些細なことで構いません。相手の顔の表情をよく見るだけでも効果があります。

たとえば上司の心無い言葉にムカッときて感情的になったときに、うつむいて怒りを増幅するのではなく、あえて上司の顔を眺めてみるのです。

そこから徐々に意識の矢印を相手に向けて、「なぜこの上司はこんな発言をしたんだろう」と考えてみる。

もちろんそれだけで怒りの感情が完全に収まるわけではありませんが、少なくともアリ地獄のような感情の渦に巻き込まれることは避けられますし、それによってワーキングメモリに余裕ができるので「遅い思考」を働かせる余地が出てきます。

感情は極めて本能的な反応なのでそれ自体を抑え込もうとしても意味がありません。

大事なのはその反応が起きたときに「あ、いま意識の矢印が自分にだけ向いているな。ワーキングメモリが一杯だな」と、感情的になった自分を眺めることができるかです。

「事実」と「意見」を分けて考える

「速い思考」にしても「遅い思考」にしても、その判断の基となる情報は潜在記憶に委ねられることはすでに説明した通りです。

そのため、判断の精度を高めたいのであればその潜在記憶が果たして判断材料としてふさわしいのかどうかをチェックすることが必要になります。

その最もシンプルなチェック方法が「事実」と「意見」を整理してみることです。

たとえば、部下と上司のこのような会話です。

部下「最近、街で電動キックボードをよく見かけるんですよ。きっと今後は一気にブームが起きるはずなので電動キックボード用のグッズを作りましょう！　絶対儲かりますよ」
上司「ん？　着眼点は素晴らしいが、データはあるのか？」
部下「データですか？」
上司「そう。電動キックボードの市場規模とか、客観的なデータ。社長のところに『たぶんブームです！』って話を持っていくわけにもいかんだろう。それに『絶対儲かります』ってなんだよ。市場規模くらいわかっているんだよな」
部下「……す、すみません。調べます」

職場でよく耳にするやり取りだと思います。

部下のアイデア（思いつき）が正しいか間違っているかはさておき、「絶対儲かる」と判断している根拠は、本人の潜在記憶に基づく「意見」にすぎません。

その感想はもしかしたら先ほど紹介した「利用可能性ヒューリスティック」にはまっているかもしれません。電動キックボードに乗っている人を見たときはその物珍しさと好奇心から、強烈な印象が残ります。そのためその現象を大きなトレンドだと思ってしまうわけです。

もちろん、それが実際にトレンドになっていたり、これからなるかもしれません。なので、まずは自分の「意見」の元の「事実」を明らかにするのです。

ビジネスで下す判断で求められる根拠は「事実」です。それは判断の精度を上げるためでもあり、またステークホルダーに対する説明責任を果たすためでもあります。「山勘で新規事業を立ち上げたら失敗しました。すみません」では株主は納得しません。

とくに「数字」は誰が見ても揺るがない客観的なデータです。だから説得力があるわけです。

上司はそのことを部下に指摘し、客観的なデータを求めたわけです。

ただ厄介なことに人の記憶のなかでは「事実」も「意見」も混在しています。

しかも「利用可能性ヒューリスティック」といった「速い思考」を通ることで、両者の区別がさらに難しくなります。

だからこそ「事実」と「意見」は相当意識しないと整理できないわけで、その整理は「遅い思考」を使わないとできません。

自分が下した判断が「事実」に基づいているかどうか。

「事実」のように見えても、そこに脳のバイアスがかかっていないかどうか。こうしたことを精査する作業が必要です。

手間はかかりますが、本来ビジネスで判断を下すことは簡単ではありません。重要な決断であればあるほど自分の判断材料を徹底的に洗い出すプロセスを忘れないようにしましょう。

潜在記憶のワナから逃れるには？

繰り返しお伝えしているように「事実」といえどもわれわれは潜在記憶の影響から逃れることは容易ではありません。

いくら「遅い思考」を発動して時間をかけて考えても、アンカリング効果や自己正当化といったように知らず知らずのうちに影響を受け、判断を間違えることもあります。

そのような事態を避けるひとつの効果的な思考方法は、いま自分が下そうとしている判断とは真逆のことを想定してみることです。

たとえばどうしても欲しい最新の家電を買おうとお店に行ったら、ずいぶんと高い値段を吹っかけられたとしましょう。このとき多くの人は自分の貯金残高なり、ローン計画なり、その商品を買って元が取れるのかといった計算をしがちです。

しかし、ここであえて思考を逆に振るのです。

たとえばいま買う前提で考えているのが、逆に買わない選択をしたらどうなるのか？

相手が提示した金額を前提に考えているが、逆にこちらから希望金額を言えば？

このように思考の前提をガラッと変えてみると、いままで気づかなかったことも考慮できるようになり、潜在記憶による思考の偏りを防ぐことができます。

これは実際にやってみるとわかりますが、3章で紹介した「意識の矢印」を自分から相手に向けることでもあります。

それによって、自分の感情や欲に巻き込まれることから逃れて、広い観点から意思決定できるのです。

恐怖のメカニズム「真実性の錯覚」

「真逆に振って考える」という実に単純な思考術ですが、これはジャッジメントミスを減らす強力な手段です。

ただ、実際には自分の判断にあえて反対することがなかなかできません。

というのも「速い思考」と潜在記憶が持つ性質により、われわれは放っておくと自信過剰になってしまう脳の特性があるからです。

自分の判断に沿った記憶だけが思い出されたり、都合のよい事実ばかりを集めてしまうという自己正当化もその一因ですが、それだけではありません。

「速い思考」が「真実性の錯覚」なるものをもたらすのです。

「真実性の錯覚」とは、馴染み深いもの、見やすいもの、わかりやすいものを真実だと信じやすいという脳が勝手に犯す錯覚です。

それが客観的に見て正しいのかどうかなど関係なく、単に見やすいとか、わかりやすいとかだけで、人はそれを信じてしまうのです。

極端な話、誰かにウソを信じさせるには、繰り返し聞かせるだけで十分なのです。これは認知科学の実験で証明されています。

真実性の錯覚は他人に対してだけでなく、もちろん自分自身にも働きます。自分が正しいと思うことを人に伝えれば伝えるほど、自分自身がそれを強く信じるようになるのです。自分を洗脳しているような状態になるわけです。

そうなると、自分の考えを否定したり、反対意見の人の立場に立って考えてみたり、反対意見を素直に聞いたりすることはますます難しくなります。

ジャッジメントミスのジレンマから抜け出すには？

「真実性の錯覚」からの自信過剰のワナにはまると、「思考を逆に振る」というジャッジメントミス対策がとれません。

打開策はふたつ。ひとつは思いっきり痛い目にあって現実を知ること。

もうひとつは、本書のように脳の特性とその弱点を知ることです。

ワーキングメモリの容量は思いのほか少なく、そのせいでメモリーミスやアテンションミスが起き、その制約から逃れることはできないこと。

潜在記憶という知らないうちに私たちを操っている記憶があり、その結果、私たちは世界をよく見ているようで見ておらず、ちゃんと考えているようで考えていないこと。


真実性の錯覚にはまった人は、こうした事実ですら認めたくないかもしれませんが。この「不都合な真実」を認めることさえできれば、自分自身の考え方や判断を疑ってみることにつながるのではないでしょうか。

「今、自分はこう考えている。確信めいたものもある。ただ、人の脳はミスを犯しやすいから、どこか間違っているかもしれない。もしそうだとしたら、どこだろう？」

このような疑問を抱けるようになれば、深い思考のトラップから抜け出すだけではなく、判断の精度も飛躍的に上がるでしょう。

ただ、最初は気持ちのいい体験ではないでしょうし、居心地も悪いと思います。

ここでも役に立つのが「意識の矢印」です。矢印が自分ばかりに向いていると、「やっぱり自分の意見が正しい！」と途中で逃げ出すかもしれません。

一方で意識の矢印を相手の記憶に向け続けることができると、気づきが次々と生まれます。それはいままで経験したことのなかった、一種の感動体験にもなります。

「そういう解釈の仕方もあるんだ」

「そのように考えたことすらなかった」

「そういう着眼点もあるのか」

社会人として成長していくことは、自分とかかわる多くの人から刺激を受け、視野が広がっていくことをいうのではないでしょうか。

自分の評価基準にとらわれる人は、自分の意見が変わることを悪いことだと考える人がいますが、そうではありません。最初は誰でも未熟です。数々の経験をしていくなかでそこから何かを学び、成長していくのです。

組織として自らに突っ込みを入れる

独りよがりになりがちな思考パターンを、組織として検証していく方法もあります。

『決断の法則』などの著書がある意思決定の研究者、ゲーリー・クラインが考案したもので、「死亡前死因分析」と呼ばれます。

文字通り、死ぬ前、つまり失敗する前に失敗した原因を分析する方法なのです。

やり方は極めて簡単です。何か重要な意思決定をしたとき、それを正式に承認したり公表したりする前に、関係者に集まってもらいその決定を分析してもらうのです。

そのとき次のような設定で分析を行うのがポイントです。

「この意思決定を実行した1年後、結果は大失敗に終わった。ではなぜ失敗したか」

具体的には各自が想像する失敗のシナリオを10分程度で簡単に発表してもらいます。

チームや組織が下す判断は、個人が下す判断と比べて多様な意見が出る可能性がある一方で、リーダーや声の大きい人の考えに引っぱられたり、政治力などの不合理性が介在する危険も抱えています。

しかもいったんある方向に議論が流れ始めると「真実性の錯覚」の力も加わり、自信過剰がエスカレートしてしまうのです。過去の歴史を見てもよくあることですし、あなたも仕事の場で見かけていることでしょう。

「死亡前死因分析」は「真逆に振って考える」ことを仕組み化し、それまで見落としていたリスク要因に目を向けることを可能にします。

ジャッジメントミスを認めることがジャッジメントミスを減らしていく

これまで解説してきた3つのミスと同じか、もしくはそれ以上に、脳のメカニズムから必然的に生まれるジャッジメントミス。

最終的にこれを防ぐためには、ジャッジメントミスが起きる可能性を認めながらも迅速に意思決定をして、その代わりに絶えず見直しをすることで修正をしていくしかありません。かの『論語』には、過ちについて次のような言葉が書かれています。

「過ちに気づいたら、改めることを躊躇してはならない」
「過ちを犯しながら、改めないのが過ちである」
「小人は過ちを犯すと、必ず、取り繕う」

人の本質をついたなんと深い言葉でしょう。とくにふたつ目の言葉は、「過ち」を「ジャッジメントミス」に置き換えるとこうなります。

「ジャッジメントミスを犯しながら、改めないのがジャッジメントミスである」

また、東京大学東洋文化研究所の安冨歩《やすとみあゆむ》教授はその著書の『ドラッカーと論語』の中で、ドラッカーの経営学の最重要概念は「フィードバック」であるとし、そのマネジメント論の要点は次の3つであると主張しています。

①自分の行為のすべてを注意深く観察せよ
②人の伝えようとしていることを聞け
③自分のあり方を改めよ

本章で取り上げているジャッジメントミスはもちろん、これまで取り上げて来たミスのすべてにかかわることがわかるでしょう。

マネジメントとは自分のマネジメント、記憶のマネジメントであり、ミスを自覚し、減らすことにつながります。

ジャッジメントマスターへの道

「速い思考」を鍛えると「直観」になる

扱いの難しいジャッジメントですが、達人になる道は存在します。これまで悪者扱いしてきた「速い思考」をうまく使うのです。「速い思考」とは言い換えれば「直観」。言葉では説明できなくても「これに違いない」とひらめく、あの感覚です。

「速い思考」はアンカリング効果などに見られるように潜在記憶に引っぱられた結果、間違った結論を導き出すことが少なくありません。

そのために「遅い思考」による検証が必要だという話をしてきたわけですが、潜在記憶の量と質を上げて直観を磨くことで、判断のスピードと質をともに向上させることが可能なのです。

「直観」と聞くと頼りないイメージがありますが、最先端科学の人工知能の研究においても、この「直観」の重要性が明らかになっています。

2016年に囲碁の名人を負かし、多くの人間の仕事を奪うかもしれないとまで言われ始めている人工知能。これを支えている「ディープラーニング」は「直観」を鍛えているといっても過言ではないのです。

ディープラーニングは「速い思考」の質を上げる

1980年代、人工知能の世界ではエキスパートシステムというシステムが流行しました。これは専門家の知識を論理ルールとして抽出してプログラミングし、専門家の判断に代わるようにしたシステムでした。いわば「遅い思考」のシステム化です。

しかし、知識をすべてルール化しようとすると、煩雑かつ膨大になり、壁にぶつかってしまったのです。

その後さまざまな研究が重ねられ、大きなブレイクスルーとなったのが「ディープラーニング」でした。

ディープラーニングでは何か論理ルールのようなものを作って覚え込ませることはしません。ひたすら膨大な生データ（ビッグデータ）を読み込ませ、コンピューター自らが学習して判断できるようにさせたのです。

囲碁で世界4位の韓国人棋士との5番勝負で4勝を上げ、一躍注目を浴びた「AlphaGo（アルファ碁）」はまさにこれです。

アルファ碁の場合は、過去の膨大な囲碁の盤面を読み込ませただけでなく、アルファ碁同士で対戦させ、さらに経験を蓄積させています。しかも対戦の数がさらに膨大です。なんと人間で考えると８０００年分だとか……。

アルファ碁が強いわけです。

実際にアルファ碁がどうやって手を決めているかというと「経験則」を使って選択肢をある程度絞ったあと、絞り込んだ選択肢のなかから最も効率的な一手を計算するそうです。

つまり、まずは「速い思考」を使って選択肢を絞り、その後、「遅い思考」で論理的に検証して最終的な意思決定を行うのです。

プロの知恵は「遅い思考」より「速い思考」に表れる

実はプロの棋士たちもまったく同じ方法で手を考えます。

プロといえども人間ですし、試合では制限時間がありますから、あらゆる手をしらみつぶしに考えることはできません。

よって直観、すなわち「速い思考」によって大半の選択肢をまずは切り捨て、残った手が本当に正しいのか、絞り込んだ手のなかでベストのものはどれかを、「遅い思考」によって論理的に検証しているのです。

通常、判断の質を上げたいと思ったら、選択肢を「増やす」ことをイメージするかと思います。ただ、それは選択肢が決定的に少ないときの話です。

仕事の経験や知識、情報の入手ルートなどが増えると、選択肢もどんどん増えていきます。そういったときは逆に選択肢を減らす、つまり、**「じっくり考えるために、考えなくてもいいことを捨てる」**ことが大事なのです。

それを行うのが「速い思考」であり、直観なのです。

直観を下支えするものは膨大な経験値であり、しかもそれはすべて言葉にできるものではありません。

その実態はニューラルネットワークと呼ばれる脳の神経回路です。

つまりネットワーク全体で、そのつながりのなかに知識を蓄えているわけです。

ディープラーニングを用いた人工知能もまったく同じ原理で、膨大なデータのつながりのなかに答えを見出そうとします。この番地にこの答えが記録してある、といった単純なものはないのです。

普通、「思考」というとあくまでもロジカルな、つまり言葉で論理立てて説明がつくものをイメージしがちですが、**実際にはプロの知恵のうち、言葉や論理で置き換えられるものはほんの一部にすぎません。**

逆に言えば論理的に考えるだけではせっかくの膨大な経験を活用することはできません。もちろん大半の人は論理的な思考ですら覚束ないので「遅い思考」を意識する必要がありますが、決して万能ではないのです。

経験を積む

「力をつけたいなら経験を積むに限る。だから失敗を恐れずにいろいろ挑戦していけ」

これまで上司や先輩から何度も言われたことがあるかもしれません。

「若いうちの苦労は買ってでもしろ」という格言もあります。

こうした言葉はなんとなく理解はできても、実際に経験を積むと何がどう変わるのか、イメージできる人はなかなかいないのではないでしょうか。

しかし、先ほどのアルファ碁のメカニズムを知れば、「経験を積め」というアドバイスは「ディープラーニングをして、直観の精度を高めなさい」という意味だとすんなり理解できるでしょう。

経験が少ないうちに直観に頼ると失敗するケースがほとんどです。

たとえば経験の浅いセールスが見込客と会った瞬間の「直観」で営業をかけたら2回連続で仕事が取れたとしましょう。

しかし、たった2回の経験で「見込客と会った瞬間の直観に従えばいい」と結論づけることはあまりに早計です。50回、100回と契約を取っていくなかで、当然、たくさんの失敗も重なり、そうしてようやく直観の精度が高まるのです。

なお「経験を積む」といっても、コンピューターであれば膨大なデータを「そのまま」保存できますが、物忘れが激しく、さらに情報の取捨選択に関してはバイアスがかかりがちな人間の場合は、それができません。

よって直観を磨くためには極力バイアスを外し、できるだけありのままの経験を受け止め、記憶する姿勢が大事になります。

われわれは人工知能に勝てるのか?

人間的な思考法を習得し、人間よりもはるかに大きいワーキングメモリを持ち、さらに感情に振り回されることもない人工知能。

今後、社会をどう変えていくのでしょうか。

アルファ碁が囲碁の名人を破った3年前、衝撃的な研究が世界を驚かせました。英オックスフォード大学の研究チームが行った、近い将来消える職業は何かの分析で、10～20年の間にいま存在する半分近くの職業がなくなる可能性があると発表したのです。

たしかにこれまでにも数々の仕事が人間から機械に代わってきました。たとえばかつての駅の改札といえば、駅員さんが乗客の切符を瞬時に読み取り、器用にハサミを入れることが当たり前でした。いまではそのような駅員さんの姿を見ることはほとんどなくなりました。

ですから、今後も「これ、昔は人間がわざわざやっていたよね」と振り返る機会が増えることは容易に想像できます。

とはいえ、世の中は囲碁の世界よりもはるかに複雑です。そして囲碁のように決まったルールも存在しません。みな感情の赴くままに気ままに生きているわけで、それが社会のダイナミズムを生んでいるとも言えます。そういったものまで考えていくと、人工知能には手が負えない領域はまだまだあると考えていいと思います。

ただ、ここまで見てきたように、人間の下す判断が非合理的なことは事実です。人工知能に学んで、自らを振り返り、成長することが必要ではないでしょうか。

実際、ＡＩに負けた囲碁の世界では、今は囲碁ＡＩに学んで腕を磨く棋士が増えていると言います。日本では、将棋の世界で積極的にＡＩを活用してきた藤井聡太棋士が、２０２１年に史上初の10代での四冠（王位・叡王・棋聖・竜王）を達成するなど、大躍進を遂げています。

人工知能との勝ち負けではなく、ＡＩを活用し、共存していくことが求められているのです。

未来はわからない・ニセのパターンにだまされるな！

最後に、ジャッジメントマスターになるための奥義をお伝えしておきましょう。

それは**「未来は不確実でわからない、予測できない」ことを知る**、です。

もちろん狭い範囲に限ったり、時間軸を短く切ったりすれば、ある程度予測ができることもあるでしょう。

しかしその範囲が広がり、時間軸が伸びるほど未来は不確実になり、予測が不可能になります。

10年後、いまの会社はどうなっているのか？　50年後、世界はどうなっているのか？　こうした予測は、できることはできますが、当たる確証などありません。とくに変化の激しい時代ではますます未来予測は難しくなっています。たとえばFacebookというたったひとつのウェブサービスが生まれただけで、世界中の人々の交流の仕方ががらっと変わったわけです。

そしてこんな時代だからこそ人はより確実なものを求め、必死に未来を予測しようとするわけですが、実はそこにワナがあります。ランダムに起こっていることに因果関係を見出し、何かしらの意味づけをして「わかったつもり」になることが多いからです。

たとえば10回コインを投げるとしたら、以下のどのパターンが出やすいと思うでしょうか？　表を○、裏を×として書いています（参考：『不確実性超入門』田渕直也著・ディスカヴァー・トゥエンティワン）。

①×○○×○××○×○
②○○○○○○○○○○
③××××××××××
④×××××○○○○○

②〜④はめったにないと考え、①を選んだ人が多いのではないでしょうか。
しかし、どのパターンも出る確率は同じ。いくらランダムな世の中でも一見すると規則正しく見えるパターンが出ることは不思議なことではありません。

ただ、人間は規則正しい何かを見ると、めったにないことであり、そこには何か明確な原因があるはずだと考えてしまうのです。それがたまたま出ただけなのに……。

人はすべての事象に物語を見出す

個人の営業成績にしろ、企業の業績にしろ、そこには必ず偶然起こった外的な要素が働いています。たまたま運がよかっただけということが起こるのです（もちろん逆も起こります）。

しかし多くの人はそのような素直な目では見ません。「あいつはトーク術を磨いたから売り上げが上がったんだ」など、いろいろと理由をつけようとします。

そして成功法則を見つけた気になり、その法則に従うことによって未来もコントロールし、予測できると勘違いしてしまうのです。

もちろん成功・失敗には、運以外の要因はあります。それは否定しません。

しかし人間は先ほどのコイン投げの例でわかるように、ついついパターンを見出し、物語を作り上げ、納得しようとしてしまうのです。

そうでなければ至近距離にある宝くじ売り場で、一方は長蛇の列ができ、一方は誰も並んでいないといった現象を説明できないでしょう。

または経済誌やビジネス書で絶賛された企業が数年も経たずに事業を撤退したり、逆に散々こき下ろされた企業が突如浮上したりするような事態も説明できません。

直観を鍛えつつ、断定的な予測にはまらない

経験を増やし、直観を鍛え、それをビジネスや人生の大事な局面で活用することは、ジャッジメントマスターになるために欠かせません。

それと同時に、いくら直観を鍛えたとしても直観には限界があることを知ることが重要です。確実に予測できる未来など存在しないとわかっていれば、自分の下した判断を信じ込み、その考えに固執することがなくなります。

絶えず環境が変わるなら、そのなかでベストな判断を下すためには常に思考は流動的であるべきだということに気づきます。

この柔軟性が極めて重要なのです。

柔軟さを失った判断はいつか現実とのズレが広がり、ミスにつながります。

それに未来がわからないとわかっていれば、「とりあえずやってみよう」という気持ちが自然と湧いています。何事にもストーリーを見出せないと納得しない人たちは、将来が読めないことに一歩を踏み出す勇気が持てません。実際はやってみないとわからないのに、やらない理由だけを考えてしまうのです。

ジャッジメントマスターとは、何も100％の精度で物事を判断する人のことを指すのではありません。

脳の特性、自分の性格などをすべて加味しながらそのときの自分ができる最善と思われる選択肢を考え、たとえ未来がわからなくても失敗したときのリスクが許容範囲であれば勇気を持って決断をする。そして仮に失敗してもクヨクヨせずに即座にプランBを考え、行動に移すことができる。

これが真のジャッジメントマスターの姿なのです。

おわりに

本書を通してわれわれの脳がいかにミスを起こしやすいか、そして、意識する、しないにかかわらず、常にミスを起こしていることを見てきました。

いま、あなたは仕事のミスについてどのような感想をお持ちでしょうか？「絶対なくさなければならない」という気持ちから、「なくせないんだ」という気持ちになっていれば、本書の目的は達成されたと言っていいでしょう。

「じゃあこの本のタイトルは嘘なの？」と思われるかもしれません。

でも「ミスはなくせない」という事実を受け入れることが、仕事のミスをなくすための唯一の道なのです。

だれもミスを起こしたいと思っている人はいません。また、ミスを起こしている最中に、「私はミスを起こしている」と思っている人もいません。

仮に「間違っているけれど、これでいこう」と思っている人でも、そうやることが正しいと思っているわけです。

「ミスした！」と気づくのは、いつも後になってからです。

今起こしているミスが何であれ、自分自身はそのことに気づかないというのが、ミスの厄介なところです（他人のミスはよく見えるのですが……）。だとしたらミスはしないと信じ込むより、ミスはするものだと素直に認めればいいのです。

われわれは世の中が不確実で予測不可能なことをよく知っているのかもしれません。だからこそ確実なものにすがりたくなり、すべてわかっていると思いたくなる。確信をもって断言してくれる人についていきたくなる。

ミスを認めず、自分の正しさを信じたくなる。

変化が激しく、多様さが増すなかで、それはますます強まっている気がします。しかし、ミスを認めないとそれはさらに大きなミスとなって跳ね返ってきます。そしてあなた自身、薄々その事実に気づいていたかもしれません。

本書では脳のメカニズムにまでさかのぼって4つのミスについて徹底的に向き合ってもらいました。本書をちゃんと読んだ方なら、「ミスはなくせない」とミスを受けいれて、仕事のミスを絶対なくすためのスタートラインに立たれたはずです。

おわりに

最後に、これからミスをなくそうと取り組んでいく過程で、ミスが起きたときにぜひ考えてもらいたいことがあります。

そのミスは「間違い」なのか、「違い」なのか？

ミスは自分が想定したものとの「違い」が生じたときに発生します。

もちろんそのなかには避けなければならない「間違い」もありますが、新たな可能性の扉を開く「違い」もあるはずです。

「失敗は成功の母」

「失敗などない、そこには学びがあるだけだ」

という言葉に象徴されるように未来につながる気づきがあるかもしれません。

また「みんなちがって、みんないい」という詩の一節もありますが、そこには協力、協創の可能性が見えるかもしれません。

とりあえず「間違った！」と落ち込まず、「違った！」と驚いてみることで、ミスだと思っていたことがミスでなくなったりもします。

こんなふうにミスをとらえ、楽しんで生かせる人が、究極の「仕事マスター」かもしれません。

参考文献

『ＮＬＰコーチング』（ロバート・ディルツ著　田近秀敏監訳　佐藤志緒訳　ヴォイス）
『教養としての認知科学』（鈴木宏昭著　東京大学出版会）
『行動意思決定論』（Ｍ・Ｈ・ベイザーマン、Ｄ・Ａ・ムーア著　長瀬勝彦訳　白桃書房）
『証言の心理学』（高木光太郎著　中央公論新社）
『ゾーンに入る技術』（辻秀一著　フォレスト出版）
『フロー体験　喜びの現象学』（Ｍ・チクセントミハイ著　今村浩明訳　世界思想社）
『つくられる偽りの記憶』（越智啓太著　化学同人）
『ドラッカーと論語』（安冨歩著　東洋経済新報社）
『脳はあり合わせの材料から生まれた』（ゲアリー・マーカス著　鍛原多惠子訳　早川書房）
『なぜビジネス書は間違うのか』（フィル・ローゼンツワイグ著　桃井緑美子訳　日経ＢＰ社）
『学生ビリのギャルが1年で偏差値を40上げて慶應大学に現役合格した話』（坪田信貴著　ＫＡＤＯＫＡＷＡ）
『ファスト&スロー　上・下』（ダニエル・カーネマン著　村井章子訳　早川書房）
『不確実性超入門』（田渕直也著　ディスカヴァー・トゥエンティワン）
『まちがっている　エラーの心理学、誤りのパラドックス』（キャスリン・シュルツ著　松浦俊輔訳　青土社）
『ワーキングメモリと日常』（Ｔ・Ｐ・アロウェイ、Ｒ・Ｇ・アロウェイ編著　湯澤正通、湯澤美紀監訳　北大路書房）

本書は、クロスメディア・パブリッシングより刊行された単行本を、文庫収録にあたり加筆・改筆・再編集したものです。

宇都出雅巳（うつで・まさみ）
1967年、京都府生まれ。東京大学経済学部卒。出版社、コンサルティング会社勤務後、ニューヨーク大学留学（MBA）。外資系銀行を経て、2002年に独立し、トレスペクト経営教育研究所（現・トレスペクト教育研究所）設立。30年にわたり、心理学や記憶術、速読を実践研究し、脳科学、認知科学の知見も積極的に取り入れた独自のコミュニケーション法・学習法を確立。企業研修やビジネスマン向けの講座・個別指導を行う。2021年に公認会計士試験合格、現在は都内の監査法人に勤務。専門家サイト・オールアバウト「コーチング・マネジメント」ガイド。
著書は『「1分スピード記憶」勉強法』（三笠書房《知的生きかた文庫》）、『どんな本でも大量に読める「速読」の本』（大和書房）、『ミスしない大百科』（共著、SBクリエイティブ）ほか多数。
ブログ「だれでもできる速読勉強術」：https://ameblo.jp/kosoku-tairyokaiten-ho/

知的生きかた文庫

仕事《しごと》のミスが絶対《ぜったい》なくなる頭《あたま》の使《つか》い方《かた》

著者　宇《う》都《つ》出《で》雅巳《まさみ》
発行者　押鐘太陽
発行所　株式会社三笠書房
〒一〇二―〇〇七二　東京都千代田区飯田橋三―三―一
電話〇三―五二二六―五七三四〈営業部〉
〇三―五二二六―五七三一〈編集部〉
https://www.mikasashobo.co.jp
印刷　誠宏印刷
製本　若林製本工場

ISBN978-4-8379-8766-6 C0130

知的生きかた文庫

仕事も人間関係もうまくいく放っておく力

枡野俊明

いちいち気にしない。反応しない。関わらない——。わずらわしいことを最小限に抑えて、人生をより楽しく、快適に、健やかに生きるための、99のヒント。

超訳 孫子の兵法「最後に勝つ人」の絶対ルール

田口佳史

ライバルとの競争、取引先との交渉、トラブルへの対処……孫子を知れば、「駆け引き」と「段取り」に圧倒的に強くなる！ビジネスマン必読の書！

マッキンゼーのエリートが大切にしている39の仕事の習慣

大嶋祥誉

「問題解決」「伝え方」「段取り」「感情コントロール」……世界最強のコンサルティングファームで実践されている、働き方の基本を厳選紹介！ テレワークにも対応!!

渋沢栄一 うまくいく人の考え方

渋沢栄一［著］ 竹内 均［編・解説］

日本近代経済の父といわれた渋沢栄一による、中国古典『論語』の人生への活かし方。名著『実験論語処世談』が現代語訳でよみがえる！ ドラッカーも絶賛の渋沢哲学!!

気にしない練習

名取芳彦

「気にしない人」になるには、ちょっとした練習が必要。仏教的な視点から、うつうつ、イライラ、クヨクヨを〝放念する〟心のトレーニング法を紹介します。

C50443